どんなものでも読みこなす技術

知的読解力養成講座

鷲田小彌太

JN122999

言視舎

0　書を読み、理解する、これこそもっとも人間的な行為である

これは「序」（まえおき）である。読み飛ばしてもいい。「最後」に読んでもかまわない。でもぜひ読んでほしい。

0・1▼人間は「本」である

まず、次の「ことば《テーゼ》」（文章）に耳を傾けて欲しい。

1　「人間《あなた》」は家族のなかで生育する（生まれ・育つ）。たとえあなたの親がシングルであっても、基本的には同じことだ。親が最初の「教師」なのだ。

2　「あなた」が親・家族の「壁《ハードル》」をのりこえるために必要な最初の「関門」が、「学校」でありその「教師」だ。

3　そしてあなたが親・家族や教師・学校をのりこえるのに必要・必須なものが「本」

である、といおう。

本を（ほとんど）読まずに育った人、読むチャンスを（ほとんど）もたなかった人は、親・家族や教師・学校とは異なる領域、とりわけ他人とあなた自身（自分）をはっきり区別すること、自立・自存することがむずかしくなる。

この「自立」するために必要な三つの条件、親・教師・本は、ともに広い意味で、「教師《せんせい》」といっていい。

だめな親（家族）、だめな教師（学校）しかもたなかったあなたでも、よき「本」を持つ（＝読む）ことで、自立する人間になることができる。

0・2▼人間を、とりわけ「自分」を理解するには、本を読まなくてはならない

1　家族や親を知ること、学校や教師を知ることは簡単ではない。
だが、ともに霧や闇の中のものではない。いま・現に・そこにある。

この親や学校の先生を「理解」し、そしてその「領域《テリトリ》」や「水準《レベル》」を超えるためには、親・家族や教師・学校の「外」に出るだけでは不十分だ。「異域」に属する諸々を知るための「本」が必要になる。

本を読む、そして理解するのは、あなたの「成長」にとって、なくてはならない必需品なのだ。ひとまずこういってみたい。

2　ではどんな種類の本が必要だというのか？

ざっくりいえば、親・家族や教師・学校とは異なる世界を描いた「本」だ。

とりわけ親や教師が読まない本、教えない本、家や学校にない本を読む必要がある。

そういう本に出会えるかどうかは、かなり偶然が作用する。だが、後から考えると「必然」であると思える。

3　そういう「必然」に出会えるためには、自分の意志で、さまざまな本に出会い、みずから読み、解く必要がある、といいたい。

でも、こういう意見もよく聞かされるだろう。

本に書いてあることは「現実」ではない。「絵空事」にすぎない。作者の「創作」（想像の産物）だ、と。その通りだ。

でもあなたが生まれ・育ち・学んだ家族や学校がどんなに素晴らしく見えても、それを延長した線上に、あなたがこれから現に生きてゆく未来の「社会」が「待っている」わけではない。

あなたを待ち受ける社会は、未知のわくわくする社会であるとともに、かなりというか、根本的に違った「基準《スタンダード》」、すなわち独特の習慣・ルール・人間関係・技能・知見等々がまかり通る、異質で微細でダイナミックで複雑な、つまりは一筋縄《シンプル》ではいかない、一種独特の表裏のある、ときにわくわくするような複雑な人間たちの社会が待ち受けている、と思って欲しい。

それらを前もって（あるいは事後的にも）知るためにも、「本」を読む必要がある。もっとも、間違いだらけの、あるいはいいことずくめの本しか読まないと、あなたの未来は予測不能なあるいは迷い路につながってしまう。でも、それもこれも自分のせいである、自分で乗り越えるほかない、と思って欲しい。

でもどうやって進むことができるのか？「本」を読むことによってだ。エッ、なぜか、といわれれば、こう答えるしかない。「本」とは人間だからだ。

「本」はそんな万能薬なの？ひとまずは、そうだ、といいたい。なぜか？

0・3▼「本」とは「歴史」だ

1 「The Book」（本）とは「バイブル」のことで、特定すれば『聖書』（旧約）を指し、古代ユダヤ人の「自画像」(歴史　history=his-story)だといっていい。なんだ、古くさい旧式の世界を記した書物じゃないか。現代のわたしたち日本人とはなんの関係もない、黴《かび》の生えた物語じゃないか、というなかれ。

『日本書紀』(『日本紀』)と『古事記』のことを「紀記」というが、紀も記も「書かれたもの」=「書物」のことで、司馬遷『史記』の「記」に倣《なら》って書かれた、「古代」日本・日本人の「自画像」(歴史書)ということができる。そうそう、あなたが知っている聖徳太子が、最大のスーパースターとして登場する物語だ。

2　あなたが自立する(大人になる)には、いまだ実現していないが、実現するはずのものとしての自画像を見いだす必要がある。これはとても重要なことなのだ。

そのためには、「本」を読む必要がある。

「本のなかにすべてがあった。」と喝破した人がいる。その人の本にたまたま出会って、わたしは自分が進むべき「方向」を見いだすことができた(と思えた)。35歳になったときだ。

もちろん、その「確信」がもてたのは、ずっと後になってからだ。だが、その本に出会うことがなかったら、おそらくわたしは「何者でもないまま」に終わっていたに違いない。

そう確言できる。

3　だが、あなたが手にする本の中に、あなたが望む自画像を見いだすことができない場合だってある。むしろ多い。しかし見いだせなかったとはいえ、本への旅・探検は少しも無駄ではない。なぜか？　2つある。

1つは「旅」である。未知なるものに触れることができる。2つも「旅」である。もっといい未知なる旅に触れたくなる。

敗戦（1945年）後、それも小学生のときだ。「地理」が好きだった。アマゾン中流域にマナオス（現地の発音でマナウス）という街があり、1万トン級の船が出入りする、と本にある。当時、最新鋭の青函連絡（青森〜函館間を結ぶ唯一の行路）船の倍以上も大きな船だ。いっぺんに頭の中がまだ眼にしたことのない密林に囲まれた、巨船の行き交う「街」への夢想が頭になかを駆け巡った。「マナオス！　マナオス！」である。

本の旅が、実際の旅へと誘う。（もっとも、アマゾンはあまりにも遠すぎたが。）

探検に2つある。

「実行」と「想像」の達人で、本を読むことも「探検」の一種とみなした**梅棹忠夫**（1920〜2010）である。ヒマラヤをはじめ世界各地を探検したが、同時に膨大で貴重な著作を残した。さらに文化人類学の世界情報センター（大学院大学付設）である「国立民族博物館」を創立し、「本の探検」を世界「探検」の中心におき、それを「妄想の行為」（未知なるものを発見し、実現する創造）とみなした。

つまり梅棹は、「未踏の地」や「本」の「探検」とは「妄想行為」であり、そこにこそあらゆる「創造」の鍵を見いだそうとしたのだ。

4　いささか大げさにいえば、**「本」とは、（日本人である）あなたの「現在」（と未来）につながる歴史の総体を指す**のだ。

本の中にこそ、それなしには自立自存がむずかしい、あなたが自分の求める姿を発見することを可能にする、「鍵《キイ》」があり「糧《かて》」（必需品）があるということだ。

0・4▼「読解」である。「本」を読むにかぎらない

なるほど人間（社会）は「ことば」で、「ことばの集まり」である「本」でできあがっている。こうひとまず認めよう。だが「ことば」と「ことばの集まり」は、いわゆる（紙でできた）本にかぎらない。

かつて「紙」に（一字一字）「筆」で書いた「写本」が、木版（活字）刷りの「草子」

や「冊子」に駆逐されていった。

ほぼ「紙と活字」でできあがっている本や新聞が、明治期、やはり紙と活字でできあがっていた古い媒体《メディア》、「草子」や「瓦版《かわらばん》」を駆逐した。

いまではTVやPCに、そしてTVやPCでさえ急速にスマホ（スマートフォン）にとって代わられている。「新聞」ていどの「情報」収集は、すでにスマホで済ませるじゃないか。「週刊誌」や「雑誌」もだ。

これが時代の流れ《トレンド》だ。逆らうことはできない。（まさに新聞社自体が、生き残りを賭けて、デジタル版への転換を急速に図っている。「紙の新聞」はもはや泥舟と化している。）

これが時代の趨勢《トレンド》だ。

もちろん、新聞や本で、またTVやラジオで育った人たちが、それを利用し楽しむのはいい。「あなた（たち古い世代）の勝手」だ。

同時に、PCやスマホで育ったわれわれが、ツイッターをはじめとするあらゆる情報をスマホ等の媒体を利用し、楽しむのを妨げる理由はない。「わたし（たち新世代）の勝手だ。」

「本」なんか読まなくても、自分が望む姿を発見し、実現することができる、と思える人は、もちろんその道を進むことを奨めたい。

いまさら「本」を読めなんてというのは、大正期、「新聞や雑誌など買うな、読むな。まず『聖書』や『論語』を読め。それが真っ当な人間になる道だ。」というのと似ていないか？

似ている。その通りだ。

そればかりではない。戦後育ったわたしたちが、学校でも家庭でも、「マンガを読むな！マンガや雑誌を買うな！」と厳命されたのに似ている。（わたしといえば、禁を破って、マンガを買い、その全部を燃やされても、マンガを読むのをやめなかった。）

それでもわたしは、「本」を読めと奨める。ＰＣやスマホという媒体を利用しても、「本」を読めと奨める。ＰＣやスマホででも「本」を読めといいたい。

そしてぜひ1つ約束して欲しいが、ＰＣやスマホだけで、自分の「道」を切り開くことができたなら、それを書いて、「本」にして欲しい。かつて福沢諭吉『学問のすゝめ』が多くの人の未来を照らす「灯台《サーチライト》」になった。それに似たことが起こるように、だ。

それこそ素晴らしい。頭を垂《た》れるしかない。わたしもマンガを読むことをやめずに、白土三平（1932〜）『カムイ伝』や安彦良和（1947〜）『イエス』等に出会えた。

目次

3　読解の技術　how to read

1　世界がようやく日本語に追いついてきた!?

一冊の書物、『ジャパン・アズ・ナンバーワン』（Japan as Number One　1979）が一世を風靡《ふうび》した時代があった。作者はエズラ・ボーゲル（傅高義　１９３０〜　ハーバード大学教授）で、時あたかも日本が「バブル」の門口に達したときに当たる。

日本でも「アメリカが、世界が日本に倣《なら》うとき」という類の本が次々に出版された。しかし、出版から10年、その日本で「バブル」が崩壊した。マスコミ等で「失われた10年」、あるいは「20年」という標語が喧伝《おどり》され、「日本と日本人の凋落」あるいは「漂流」が合い言葉となって、いま（２０２０年）におよんでいる。

２０００年、取材でアメリカ各地（の大学）を巡ったときだ。その劈頭《へきとう》、ロスでタクシーに乗ったときだ。運転手に「日本はダメだね。日本人がレイジイ（怠惰）だから。」と揶揄された。いまなお強く記憶に残っている。それから20年経った。

1・0▼英・米語は「世界標準《グローバル・スタンダード》」だ

わたしの英語は貧しい（poor）。ロスでタクシー運転手がいう言葉はなかば分かる（気がする）が、「反論」できなかった。

そのわたしが２００５年をすぎてからではなかったか。「哲学」研究者としてぜひとも書き残したいと思い立った著作があった。『日本人の哲学』で、「哲学」の「定義」を変えること、それを吉本隆明や村上春樹の作品から日本書紀や風土記へと遡って、「実証」（読解・記録）することであった。定年（70歳）を5年残してはじめたその作業は２０１７年に完成（全5巻全10部　４００字詰め原稿用紙で３５００枚余）したが、その10年間余、世界も日本も大きくさま変わりしたように思える。なぜか？

1・1▼英・米語が出来ない社員は、いらない、って?!

1　21世紀、世界《グローバル》（市場）が一つ《ワン》になった。その世界市場に打ってでる日本のトップ企業（の経営者）の一群が、異口同音、「英米語《イングリッシュ》が出来ない・話せない社員はいらない。」とはっきりいいだした。

それと呼応するように、華人《チャイニーズ》や印人《インディアン》の英語力に比べて日人《ジャパニーズ》の英語力、とりわけ会話力は極端に低い。これでは日本と日本人の商売や技術分野における世界進出は叶《かな》わない、世界に取り残される、といわれ続けてきた。一見して、その通りと思える。

コンピュータ言語《プログラミング》は英米語仕様（おもに英語の単語と記号の組み合わせ）である。この「世界基準」（人工言語）を無視しては、仏人《フレンチ》であろうが、独人《ジャーマン》、日人であろうが、コンピュータ（電子計算機）は起動しないし、機能（計算）しない。

2　だがここ数十年ずーっと危惧してきたことがある。

かつて仏人や独人は、芸術や文学はフランス語で、哲学や医術はドイツ語でというように、自国語（と自国人）の歴史に強烈とも思える誇りを持ち続けてきた。英語とくに米語など「粗野」で一段落ちる「ことば」とみなし、仏国で英語で尋ねても無視すること、稀ではなかった。

だがである。現在（21世紀に入って）、国際会議《カンファレンス》で使う言語や報告書はほとんど英米語なのだ。ところでインド人やチャイナ人が英米語に堪能だとして、彼らの多くが母国語に堪能なのだろうか？　古い伝統をもつインド語やチャイナ語の書物（古典）を読み解すことができるのだろうか？　いささか以上に心許ない。

インド語の「書」を読み解することができなくなったインド人は、はたしてインド人《インディアン》とよぶことができるのだろうか？　はなはだ疑問だ。

もちろん人種の問題ではない。インディアンとはインド人（種）をさすが、インド語を操作する（話し・読み・解し・書く）人のことだからだ。

いや、もうすでにシンガポール人のように、インド人もチャイナ人も、英米語に堪能な人の過半は、自国人であることをやめようとしているのに等しい、もはや英米語でものを考え、語り、書く人になってしまっているのではないか？

半ば以上に、その通りだ、といいたい。

3　日本人の（ほとんど）全員は、日本語で話し・読み・解する。英米語が「世界語」としてまかり通っている時代、まったくダサく、時代遅れに思えるだろう。

しかし（おそらく）漢にはじまり、隋や唐から大量に「ことば」をはじめとした外来物（輸入品）が入ってきて以来、日本人はそれらを日本化する努力をやめなかった。

その**日本人だけが、このデジタル時代の世界語（英米語）に呑み込まれずに、崖っ淵で踏みとどまっている**、と思えないであろうか？　そんな日本人こそ、稀で貴重な人間集団ではないのか？　稀で貴重で健気《けなげ》な民族（nation）に思えるが、どうだろう。

1・1・1▼「接客」・「ビジネス」英・米語程度でいいの？

1　たしかに、外国旅行などで行き先を尋ねたり買い物をするのに、簡単な英米語が使えたらいい、と思える（だろう）。それをさらに延長して、仕事やビジネスのため（通訳を介さずに）英米語を話し・書くことができたら、もっといいと思える（だろう）。

だが、そのために学校で英米「会話」教育が中心になり、読解や作文が軽視されるようになったらどうなるだろう。英米語だけでなく、日本語の読み書きがおろそかになる。実際そうなっている。

2　わたしの英語力がプアーなことを認めた上でいうのだが、1960年を前後した大学受験期、はじめて**キャサリン・マンスフィールド**（1883〜1923）の短編集、『**ガーデン・パーティ　その他**』（瀧口直太郎対訳）を読んで、一時的なことに過ぎなかったが、英語の読解力が急に上がったように感じた（実際、予備校の模試の成績が急上昇した）。

英語の読解・作文は、英語（英文）を通して日本語を読解する力を養う。否、英語だけではない。学校教育や受験勉強だけでなく、社会・理科・数学・…体育・家庭科をとわずすべて「国語」（日本語）の授業で（も）あるのだ。日本語《ジャパニーズ》を弱体化する教育は、それがどんな理由であるにせよ、日本人でなくなることを推し進める教育につながる。これが学校（大学を含む）教育の基本中の基本になければならない。

3　日本語を読まず・読めず、解せず、書けない教育を、教育の中心に据えるなんて、日本と日本人を否定するコースであるのだ。

それに自分の胸に聞いて欲しいが、「接客」や「ビジネス」英米語が話せる・書ける程度でいいの？　そのていどなら、デジタル時代だ。すでに音声翻訳機（たとえば「ポケトーク」）が代役を引き受けてくれるのではないの？

しかしマンスフィールドの短編集の単純そうに見える「ことば」（受験単語でも通読可能!?）の配列（文章）から、奥深い人間心意（mind）の動きを読み取ることはしごく容易ではない（ように思える）。彼女の物語を「ポケトーク」の世界はまだまだ再現（翻訳）することはできない（だろう）。

4　ただし、英米語力なんて必要ない、といいたいのではない。むしろ逆だ。ビジネス会話ていどの英米語力ではなく、原書、とりわけ英米語（＋もう一つの外国語）で書かれたものを、読み解する（もちろん辞書付きでいい）ことができる力をつける努力を怠ってはならない、といいたいのだ。そのためのトレーニングは、積んだ方がいい。英米語の読解力は必要なのだ。そのためにも、学校（教育）でも、**英米語で書かれたも**

のを「読解」する力を高めることを中心にカリキュラム（教育コース）や教材を決める必要がある。

なんだ、「社会」の進む方向に逆行しているではないか、というなかれ。そうではないのだ。中・高・大学で（たとえ受験英語であっても、否、受験英語だからこそ）たっぷり時間があるのだから、外国語を学ぶ必要がある。なかば強制的に学ばされる必要がある。

受験勉強さえしなかった学生が、その結果、自ら学ぶ力をもつことができない学生が、およそ全国の大学生の過半を占めるのではないだろうか？　それが長いあいだ大学教育にかかわってきたものの切実な危惧の中心にあるものだ。

英米語を読解するなんてことを、日本語を読解するのさえ面倒くさいという人に奨めて、どうするの、と思うだろう。**面倒だ、邪魔だ、やりたいことをやりたいようにする、の逆を行くのが学校教育だ。**「義務」であり「強制」が教育の中心である（と思うからだ）。

実に全体の1（〜5）パーセントくらいの生徒（student）は、黙っていても、いやいやながらであろうが、すすんでであろうが、「やる」のが学校教育であり、あとの99（〜95）パーセントは、「強制」しなければやらない、やれないのだ。

1・1・2▼日本語はどんな言語にも翻訳可能だ！

1　日本人の物書きで、**世界標準**をつぎつぎに突破《ブレイクスルー》してきた作家はかなりいる。**紫式部、吉田兼好、世阿弥、芭蕉、西鶴、伊藤仁斎、山片蟠桃、三宅雪嶺、夏目漱石、谷崎潤一郎、田中美知太郎**（哲学）等々、枚挙に暇がない。その現代の代表者の一人が**吉本隆明**（1924～2012）だ。

わたしの見るところ、吉本は、同時代の世界的思想家、たとえば**ミシェル・フーコー**（仏　1926～84　構造主義）や**ダニエル・ベル**（米　1919～2011　ポスト産業社会論）たちからまったく独立に、同じないしはかれらを超える（「歴史」と「現代」を理解することができる）すぐれて包括的なそして現実的な思考を展開した。その日本語も、ちょっと見で、簡明《クリアー》なようには思えないが、英米・仏・独語等に翻訳可能である。

2　日本語はどんな言語にも翻訳可能なほど世界に開かれており、実際日本人は世界中のことば（書）を日本語に翻訳・翻案する努力を（1500年間）絶えることなく続けてきた。ああそれなのに、日本人は日本語（書）を他国語に翻訳し、世界に提供する努力をないがしろにしてきたといわざるをえない。残念至極としかいいようがないが、吉本の貴重な著書も同じ運命をたどっている。

3　たしかに日本人（日本語）の努力は、英米語が主導する世界のなかでは「孤立」しているかに見える。世界の孤児、アジアにも欧米にも属さない「コウモリ」であるかのように思われている。

だが、**英米語にも、翻訳機語にも「解消」できない言語として、唯一生き残る可能性大なのが、日本語＝日本人なのだ**、といいたい。

サミエル・ハンティントン（1927～2008）**『文明の衝突』**（「文明化の衝突と世界秩序の再創造」1996）は、「日本文明と日本語」は5世紀来、世界文明の奔流にさらされながら生き続けてきた唯一の「孤立系」である、と語っているが、このフレーズにかぎっていえば、当をえている（と思える）。

理由がある。

1・1・3▼日本語の奥深さは無限大だ

1　日本文明＝「孤立」系を否定的にとらえる必要はない。

「自給自足」で生きる・生きざるをえない、「閉鎖」文明系を意味するからではない。日本（人）はどんなに閉鎖的でいこうとしても、「他」と接し、「他」へ出て行き、「他」を取り入れてきたからだ。それだけでない。他をどんなに積極的に受け入れ、それにたとえ「平伏」しようとも、「自前《アイデンティティ》」を維持することができたからだ。それが日本文明の特質である。それを可能にしたのが、ほかでもない「日本語」なのだ。

2　だから、日本語（日本人）は、どれほど自国中心主義に凝り固まろうと、他者（外国語）を、とりわけ世界語（華語や蘭・英米語等）を取り入れることをためらわずにやってきた。

だが、いわれるかもしれない。江戸時代、200年以上にわたって西欧への「窓口」だったオランダ（語）なんて、旧ポルトガルの属州で、国土の4分の1が水面下にある小国ではないか、と。

だがオランダこそ、大航海時代（15～17世紀）、世界に開かれた「商・工業かつ民主」国家であり、世界各地に植民地をもつ、かつては英・仏等と肩を並べて「覇」を競った「強国」（Powers）の一員だったのだ。

3　江戸期、日本がポルトガルやイスパニアとの交通を遮断し、オランダ（＋清・韓）のみに門戸を開いた。オランダが、侵略熱のない軍事小国だったから（だけ）ではない。

オランダが世界に開かれた一大商業国家で、その商都アムステルダムには、世界の富と情報と技術が入り込む、現在のニューヨークに相当する世界都市だったからなのだ。

つまり、**日本（語）はオランダ（語）という窓を通して、世界に開かれていた。**

福沢諭吉は、幕末、大坂（適塾）で蘭語を習い、江戸に出て蘭学塾を開き、蘭語を通じて世界を知るようになる。これは間違いではない。だが諭吉、蘭語を学ぶ以前も、以後も、「和書」や「漢籍」を通じて「世界」をより多く知ったのだ。諭吉にかぎらない。当時の有識者（書を読む人）なら、みなそうした。蘭語を、英米語を知らない坂本竜馬でさえ、そうだった。和書や口述・議論等で学んだ。その「読解」（深読み）力は尋常ではなかった。

1・2▼チャイニーズ（華人）やインディアン（印人）はアメリカン（米人）になるの？ なりたいの？ なっていいのかな？

英米語が「世界語」になった。それをこなす（master）した華人や印人は、欧米人と同じように自国語を自在に操《あやつ》りながら、英米語をこなすという方向に進んでいるのだろうか？ そうとは思えない。

華人や韓人の自国語力は、その読む本を見ればわかるように、明らかに減退している。

1・2・1▼AI・翻訳の進化

1　AI・翻訳機の進化がある。日常会話程度なら自国語と英米語とは、かなり容易にリンクすることが可能だろう。これはすばらしい。

AI・翻訳機はまだまだ進化する。これもまちがいない。だがしかし、**孔子**『**論語**』や**司馬遷**『**史記**』を自国語で読めるていどにまで「翻案」することは可能になるかも知れないが、「翻訳」は不可能というより、それを読む需要をみいだすことは困難だろう。

つまり、たとえ翻訳機がそのていどまで進化するとしても、『論語』（翻訳）は普及し（売れ）ないだろう。製造が難しい。

対して、『論語』の日本語訳は、デジタル版を含めて何種もすでに出ている。最近も、高橋源一郎『一億三千万人のための『論語』教室』（2019）がでた。日本人ならだれでも読める『論語』だ（という触れ込みだが、そうはなっていない）。

2　現在、もし華人が自国の古典（漢書の一級品）を華語で読もうとすれば、すでにできあがっている日本語訳をもとにした華訳で読むしかないところまで来ているのではないだろうか。

つまり現代華語は、そのていどのところまで華（漢）語の遺産から切り離され、自国語としては、「衰弱」の一途をたどっている、としか思えない。
3　もちろん、日本人・日本語も安閑としていい段階ではない。敗戦後（1945～）の日本（人）は、日本語のもととなってきた「漢語」を使う習慣を失った。
ただし、わたしは漢語教育の復活をいいたいのではない。総じて、華人が漢語力を、日本人が漢語力を取り戻すことはもはや不可能である、と思える。

しかし、日本人は、私的に、個々人であれ、集団であれ、漢書（注解付き）を、原語で、あるいは邦訳で、読むことはできる。その日本語（現代語）訳を読むことはずっと簡単だ。

1・2・2▼ビジネス英語でいいの?!

1　ビジネスエリートといわれるひとたちがいる。日本人で、英米人や欧人と対等にビジネス上のつきあいができる人たちも稀ではない。でもビジネス上の人間関係をスムースに結べるていどの英米語力は、それさえない人にとっては羨ましいかぎりだろうが、そのエリートたちの自国語力はどうなのだろう。
2　ビジネスエリートたちの自国語力にわたしは大きな疑問をもっている。その語るところに、教えられることが少ないからだ。もちろん例外はある。

たとえば**ピータ・ドラッカー**（1909～2005）だ。オーストリア（ウイーン）生まれで、振りだしはドイツの新聞記者で、ナチス批判でまずロンドンへ、さらにニューヨークに亡命し、ビジネス情報世界の最先端で働き、かつ現代経営学を切り開き、現代思想の第一人者としても立ち、終生、学問的努力を惜しまなかった稀有の人だ。

それに知日家で、最後の著書が日本人へ贈る『**ドラッカーの遺書**』（2006）であった。75歳まで、日本人は働くことができる、かつ働くことを望んでいる、というのだ。事実、超高齢化社会だ。最新の日本経済新聞郵送調査データ（2019年秋）で、日本人の60歳以上の過半（54％）は、70歳を超えても働く、とある。ドラッカーの「予言」（「遺言」）はドンピシャリ当たったというべきだろう。

3　なぜビジネスエリートたちの自国語力に疑問をもつのか?　その主戦場であるビジネス世界の言語が「貧弱」だからだ。
たとえば世界の経営者たちが愛読するといわれる『ハーバート・ビジネス・レビュー』（1922年創刊　日本を含め世界主要国で翻訳　現発行部数25万部以上）を一読すれば分かる。ドラッカーの書と比較してみるといい。その内容と表現力の差は歴然としている。

ただしわたしは『ハーバート……』誌を否定したいのではない。それがビジネス世界特有の言語世界だ、と確認しているにすぎない。ビジネスエリートたちがこれを読んで「自足」する世界が「プア」だといいたいのだ。

1・2・3▼日本語はあらゆる言語に「翻訳」可能だ

1　日本は「ものまね」の国だ。オリジナリティの稀薄な、かつては奈良・平安朝期に隋・唐を、室町から安土桃山期にかけて宋・明を、明治以降は英・仏・独を、そして敗戦後は米をお手本にした、独自・独創性の低い国であり、国民だ。こういう嘲《あざけ》りが浴びせられかけてきた。しかも日本人自身がその嘲りを「自認」（「自嘲」）してきたかにさえみえる。

だがヨーロッパが、自国（土着）語を世界語であった（ギリシア・）ローマ語（＝「古典」）をモデルに磨きをかけ、ビジネスは英語、芸術は仏語、医学や哲学は独語というように、いったんはその世界の代表者として振る舞った。

2　日本語は、近・現代において、これら先進国語の後塵を拝してきたかに見える。だが、第一に、日本は「世界語」＝漢語を積極的に取り入れ、リストラ（再編・再構築）して日本語を創造し、洗練することをやめなかった。そればかりか、世界のすべての国語に変換（翻訳）可能な日本語にする努力をやめなかった。こういっていいのではないだろうか。

しかも重要なのは、日本語がもつ「骨格《アイデンティティ》」を失うことなくである。

この意味で、いささか誇大妄想に近いと思われるだろうが、日本語こそ「世界語」となるにふさわしい（可能性をもつ）言語だと自負していいのではないだろうか。

3　実際、日本には、**『源氏物語』**という洗練された恋愛小説にして時代小説がある。**『徒然草』**や**『童子問』（伊藤仁斎）**という日本人の「論語」が、**『風姿花伝』（世阿弥）**という芸術論にして人生論がある。これらは世界に類なきほどの達成である、と思える。日本語は、他国語を範《モデル》としながら、それを改編改作《リストラ》して、日本語の要素のなかにとりいれ、豊か（ときに貧弱）にしてきた。

受験勉強で、英語が、とりわけ英文和訳ができる子は、総じて他のすべての科目もできるという「事実」がある。それは暗記力を必須とする外国語の力が高いということを意味するだけではない。総じてすべての教科に必要な「国語」力が、日本語力が高い、という証左でもあるのだ。

1・3▼日本人は、日本語でこそ、「世界」を深く、迅速に考えることができる。その逆ではない

日本人だ。日本語を読めて当然だ。理解できなければ日本人ではない。こう言い切ることができるだろうか？

はじめて『源氏物語』を「湖月抄」（江戸期の注釈本）の印刷本で読み始めたが、一面すらすらと読めるのに、理解できた気が少しも湧かなかった。それから、与謝野晶子・谷崎潤一郎・林望訳で読み、代表的な注釈や評論を手にして、ようやくその全貌と奥深さ（の一端）を読み取ることができた（ように思えた）。

「源氏物語の英訳は、現代日本小説の英訳よりやさしい」と同僚（英文科）にいわれたことがある。重要なのは、その「やさしい」原因だ。

曰く、語彙が少ない。作品の登場人物、時代背景が複雑ではない、等々。だが、そうだろうか？

1・3・1▼世界に、『源氏物語』に比肩できる同時代の「文学」作品はない

1　『源氏物語』に比肩できる同時代の小説はない。源氏物語は世界最初の「小説」（定義＝何をどう書いてもいい）である。同時にすべての小説群が、そこを源流とし、そこにもどってゆく体の作品こそ『源氏』なのだ。少しも大げさなものいいではない。

その直系が**『平家物語』**であり、**上田秋成『雨月物語』**、**谷崎潤一郎『細雪』**に続き、そして**司馬遼太郎『坂の上の雲』**は『源氏』の一つの完成形であるといえる。エッ、司馬の作品が、と思うだろうか？

2　『源氏物語』は「物語」である。

その大本は王朝物語であり、司馬遷の『史記』に倣っているが、日本の皇統譜（皇室伝統）をふまえた時代小説である。だがそれに終わらない。

「もののあはれ」（本居宣長）や「色好み」（井原西鶴）の小説でもあり、それと対極にたつ「反省の書」（折口信夫）である。

そのうえ、「全体小説」（バルザック）や「意識の流れ」の小説（プルースト）の「先行者」でさえある（中村真一郎）。そして司馬遼太郎の時代小説（『街道をゆく』を含む）で一つの完成形をえることができた、文字通り「世界小説」の原型なのだ。

ただし、あれもこれも、源氏から出て、また源氏に戻ってゆくなどといいたいのではない。あれもこれもあるのは、その独自性がなにもない、ということを意味するからだ。作者がそんなこと（＝全体小説）を意識していたわけでもないし、また意識していたとしても、すらすらと書けるものではない。

3　司馬遼太郎の時代小説が、漢語をもたない他国語に翻訳不能だといわれている。つまるところ、丸山真男の政治思想・評論作品や村上春樹の恋愛小説のようには、外国語に容易には置き直し難い、つまりは、外国（語）人には容易に理解（味読）できない作品だということだろう。

これを紫式部や司馬の欠陥とみなす人はよほどのおバカさんだ。つまるところ、源氏や坂の上の雲は日本人（だけ）が英米語をはじめとする外国語（現代華語を含む）に翻訳できるし、しなければならない、ということを意味するのである。

1・3・2▼『徒然草』は日本人の『論語』だ

1　日本語の源流に漢語がある。これはまちがいない。では現在、華人《チャイニーズ》たちが『論語』を自在に読めるだろうか？　できない。その精髄を解することができるだろうか？　世界各地に根を張っている華人を見れば、味読できない（していない）し、理解していない、と考えざるをえない。

なぜか？「自利」と「自国利」のみを追求する、世界で最も自己中心主義的な人間集団（「中華」人）になっていると思えるからだ。

2　孔子は「自利」を否定したのではない。人間とその集団は本性的（natural）に「自利」を求める存在である。同時に、その自利は共同（他利との共同）利を図らなければ、とりわけ狭い愛郷主義《ローカリズム》を超え出ないと、自利と自利との衝突によって、達成不能になる、と説くのだ。

この孔子説を現代の華人に納得させることは、およそ容易ではない。もっとも日本人の大多数も同じじゃないか、といわれれば、否、と完全否定することはむずかしい。

3　なぜか？　日本人の伝統のなかには『源氏物語』が息づいているからだ。源氏と同時代の**清少納言**『**枕草子**』であり、その流れの白眉、**兼好法師**『**徒然草**』だ。

この『徒然草』が、「忠孝」（主君に対する忠誠と、親に対する誠心の奉仕）を説く「儒教」道徳とともに、江戸期の庶民道徳の手引きとなった。『論語』の流れを受け継ぐ、人間（社会）の冷徹《クール》な観察者の書、孔子と同じように、人間すべてに備わった「表裏一体」

の本性（自然）をもとにした論である。一つだけ、あげよう。
《友としたくないタイプに七つある。一、身分の高貴な人、二、若い人、三、病気をしたことのない身体強健な人、四、酒好き、五、武勇にはやる武士、六、嘘つき、七、欲張り。友としたいタイプに三つある。一、物をくれる友、二、医師、三、知恵ある友。」（117段）
よくよく見て欲しい。「友としたい」と「したくない」タイプは、正反対のまったく相いれないものではなく、表裏一体、時と場合によるということだ。あなたの胸に手を当ててもらいたい。納得するところはないだろうか。

1・3・3▼ああ、日本に「文語文」がなくなった。でも文語文は、口語「頭《あたま》」でも読むことはできる

1　ところがである。明治期、急激に「文語文」（書き言葉）が「口語文」（話し言葉）に駆逐されはじめた。言文一致の流れに沿ってだ。
つれて、日本の長い伝統のなかで生まれた「書物」（文語文）を読む力がどんどん弱まる。さらに大正期、国語の教科書はすべて「現代文」になった。そして敗戦後、国語から

「漢文」が外され、漢字制限が進み、（わたしと同じように）日本人は明治期以前の書物を読む力を失っていく。

2　日本人は、自国語の長い伝統を失い、その古典を読めなくなった、漢文を読む必要のなくなった華人を嘲笑すること、はばかれると思っていい。

いまでは夏目漱石を「注釈」なしで読むことさえむずかしくなった。（漱石は漢詩読解を「趣味」にした。）

もっとむずかしいのは、「音読」が重要であることを認めるものの、「現代文」を授業や公衆の面前で音読することではないだろうか。少なくとも、わたしは躊躇せざるをえない。恥ずかしいのだ。

樋口一葉の「たけくらべ」なら平気だ。「文語文」（書き言葉）だからだ。しかし、どんなに好きだからといって、開高健の小説を学校の授業で音読しなさいといわれても、「棒読み」になる。

3　しかし、日本人は、その気になりさえすれば、現代日本語で、日本の古典を翻訳（現代語訳）と注釈付きで読むことはできる。明治期の文語文も、口語頭にでも、多少なれると、三宅雪嶺『宇宙』や「大日本帝国憲法」ていどなら読解可能になる。

なによりも重要なのは、**日本語はどんな外国語にも翻訳可能な「ことば」だ**、ということだ。

さらに、現代日本語から文語文へ、古文へ、さらに漢文にさえ遡及可能なことだ。このグローバル時代、日本人（語）の可能性はより大になったとみなしうる理由だ。

つまるところ、日本語は、一見すれば、時代遅れで世界の孤児のように思われているが、その可能性は、真反対で、将来ますます大になる、シンプルでかつ複雑微妙な表現力をもつ言語・人《ジャパニーズ》となりうるといっていい。成熟した「世界語」になりうる、というのがわたしの予見だ。

もっと重要なのは、日本語の「遺産」を投げ棄て、英米語に乗替えることではない。日本語と英米語とに太い「橋」を掛けることだ。英米語から日本語に橋を架けるのはむずかしい。ならば、**日本人が自力で日本語をさらに充実させ、英米語に橋を架ければいい**。これこそ「日本の流儀」であり、「日本のアイデンティティ」だ。

2 読解力のエッセンス　essence to read

さていよいよ本題に入ろう。

まず「読解力とは何か?」である。

2・0▼読解力とは「データ」・「文章」・「書物」等、「書かれたもの」を「理解する」技術だ

1　〈読解力とは読んで字の如しだ。読んで理解する能力で、「読・書力」と言い換えてもいい。

「書かれたもの」を「読み解く」、これは「人間」ならだれもがやっていることで、特別のこと、特殊な能力を要することではない。普通は、昔も今も、「読み・書き・算盤」といって、読み・書き・計算する力のことだ。

ただし、「読解力」と特に取り出していう場合、日常生活に必要な、小・中学校（義務教育）で教わる「読解力」とは少し異なる。例えていえば、「ポケトーク」（音声翻訳機＝通訳機）が使用する英米語（文）も日本語（文）にも、どれほど進化したとしても、「読解力」というようなものは必要としない。むしろ「無用」と考えた方がいい。

「ポケトーク」で話し・訳し・解する日本語・文も英米語・文も（基本的に）シンプルである。利用するほとんどの人に、そのまま直《チョク》に分かる必要があるからだ。

ただし、ＡＩ翻訳ソフトの「進化」には目を瞠《みは》るものがある。その進化に「限界」はないといっていい。

「吾輩は猫である。名前はまだない。」等のような、短文でできあがったものは、グーグル（翻訳ソフト）でただちに英米訳できる。〉

ちなみにこの〈 〉内の文をグーグル訳（英米訳）してみよう。

<Reading comprehension is like writing. The ability to read and comprehend may be paraphrased as "reading and writing."

"Understand"the"written", which is what every"human"does, and does not require special things or special skills. Usually, in the past and now, “reading, writing, and abacus” refers to the ability to read, write, and calculate.

However, the term “reading ability” is a little different from the “reading ability” that is required in daily life and is taught in elementary and junior high schools (compulsory education). For example, “PokeTalk” (speech translator = interpreter) uses English-American (sentence) and Japanese (sentence), no matter how much it evolves, there is no need for something like “reading ability” . Rather, you should think of it as “useless.”

Speaking, translating and interpreting in “PokeTalk” Japanese and sentences as well as English and American languages and sentences are (basically) simple. Most people who use it need to know it directly.

However, the “evolution” of AI translation software is astonishing. It can be said that there is no “limit” in its evolution.

Short sentences such as “I'm a cat. I don't have a name yet” can be translated immediately by Google (translation software). 〉

一見して、目を瞠らないだろうか！　日本語でいおうとしていることは、ほとんど「分かる」。

２　しかし「読解」力は「訳す」能力とは同じではない。**「読解力」とは、まず第一に、「本」（全体）の「核心」（中心）を読み取る能力**のことだ。

「核心」とは、筆者のテーマであり、それに対する解答である。

「事件の核心」を読み誤ると、「事件の解明」にたどり着くことはできない。ミスリード（to misread）がミスリーディング（misleading）、迷宮に導いてしまう。

それに、書物（の著者に）は、読者をミスリードする仕掛けを意図的にはめ込むとともに、自ら迷路に迷い込んでしまうことがあるから厄介なのだ。数も必ずしも少なくない。否、むしろ多い。

３　でも、とてもむずかしいのは、「核心」は一つだ、「真実」は一つだ、というわけにはいかないことだ。

「核心」は、むしろ読み手が「発見」しなければならないもので、核心を読み取る力が「読解力」の中心といっていい。

「天は人の上に人を造らず、人の下に人を造らずと云えり。」

これは、明治初期に大ベストセラーとなった**福沢諭吉『学問のすゝめ』**の冒頭の言葉だ。人間は平等だ、差別や格差はよろしくない、という考えの端的な表明、日本の民主主義の「原点」であるとみなされている。

しかしよくよく気をつけて「読む」必要がある。

この文の最後は「……と云えり。」で、「造らず」と自ら断定しているわけではない。事実、この冒頭文のすぐ後に続くのが、

広く人間世界を見渡せば、貴賤、賢愚、貧富の差がある。なぜか。学ばないからだ。学べば貴人、富人、賢人になる。学ばず、無学なる者は賤・愚・貧人となる。

こう、身も蓋もないことを記すのだ。

ただし、ここでいわれるのは、学問する、すなわち、学ぶ＝努力する（industry）すすめで、努力こそが未来を切り開く個人と社会の原動力、精神だというわけだ。

この本が「学問のすゝめ」と題され、爆発的に読まれた第一の理由＝核心だ。

資本主義とは私益の自由な追求を原理とする社会であり、民主主義とは大原則として個人の自由を認める社会のことだ。「私益追求の自由」と「個人の自由」（どう生きてもいい自由）とが表裏一体である社会、それが近代文明社会の特徴だということで、福沢が渋沢

栄一等とともに、「日本資本主義の父」であり「文明開化」の推進者といわれる理由である。

4　読み方あるいは読み手に関係なく、「核心」が常に同じというのは、概して単純な構造でできあがった書物だ。

特別の読解力を必要としない。読んだら分かる、あるいは逆に、専門の人《スペシャリスト》には簡単に分かるが、専門外の人《アマチュア》にはまったく分からない。こういっていい。

だが誰にも自分の胸に手を当ててみれば、「分かる」種類のことがある。「人間本性」(human nature) にかんすることだ。

兼好法師『徒然草』は、「病気をしたことのない身体強健な人」を「友」としたくない、と書く。

じゃあ、病弱な人が友にふさわしい、といっているのか？　そんなことはない。「身体強健」(病気をしたことのないよう) な人は、(わたし鷲田がそうであるように) 他人の身体 (ならびに心) の痛みが「分かりにくい」(=「読む」のが難しい)、概して「鈍感」である。こういう人とは、友になりにくい・なりたくない……といっているのだ。

病気をほとんどしたことのないわたしも、心ならず、納得してしまう文だ。

さらにいいたいのは、この書が、書かれてから数百年して、突然、江戸庶民のなかでベストセラーになったことだ。嫁入り道具の一つとして、親が持たせてやる一品となったのだ。

『徒然草』のこの一文は、「健康」＝「幸福」が単純明快に成り立つわけではない、さらには人間とその世界の「実相」は「表裏一体」の関係にあることを、短い言葉と実例で語っている。

わたしが、この書を日本人の「論語」（の一つ）とみなす理由である。

2・1▼読解力の第一歩《ファースト・ステップ》

かなり本を読んできた人は、ここをスルーしていい。ただし数分で読み終わるから、読んでもムダではない。

2・1・0▼はじめは、すべて難しい。しかし易《やさ》しい

1 「読」である。「本」を「読む」のだ。どんな「本」でもいい。ただし「書名」のある「1冊」の本だ。

これなら、だれでもできる。エッできないって。いや、やりたくないって。ま、そういう人には「読解」など必要はない。読まなくても、わかる「達人」か（まさかね！）、ま、その真逆だろう。

2　本は、薄いのを何冊も、あるいは厚いのを1冊、どちらでもいい。読んだら、1.ここがよかった、2.ここが重要だ、と簡単に記そう。思い切って（大げさに）「**読解録**」とノートの表紙に記そう。

たくさん書く必要はない。

1.よかった点、

2.重要な点、

3.批判点、

おのおの2〜5個でいい。1個を、おのおの1行＝40字以内にとどめる。

書くのが苦手の人は、1.と2.あるいは3.も、本文の「引用」ですましてもいい。むしろ「引用」中心のほうがいい。肝心なのは、引用箇所のページを付すことだ。

3　本は、（できるだけ）自分で選び、自分の金で買い、自分の手元に置く。これが肝心だ。

本を「雑品」扱いする人に「読解力」はやってこない、とわたしならいいたい。本は、あなたの有形・無形の知的「財産」なのだ。もちろん、その「内容」と「評価」とともにだ。

2・1・1▼あなたが求める、あなたに必要な1冊、さらに関連する1冊が、いずれ現れる

むしろ難しいのは、1冊を終えたら、躊躇《ちゅうちょ》なく、つぎ（さらにつぎ）の1冊に進むことだ。

1日なら、1冊なら、かなり困難なことでも、多くの人にとっても可能だ。だが残念ながら、多くは三日坊主で終わる。

読書（ましてや読解）のような辛気《しんき》くさいことより、世の中には面白いことがたくさんある。こう思うだろう。でも、イチロー（野球）や羽生（将棋）という「天才」だって、1歩・1歩（step by step）なのだ。天才の違うところは、つぎつぎ=反復・継続→前進である。

ただの「天才」（と称する者）の多くは、毎日の1歩1歩がなく、20代で、ただの「凡才」でおわる。

逆に、「凡才」と思われた人でも、読む・解する努力を惜しまなければ、非凡な力を蓄えてゆくことができる。30代でその道の「職人《プロ》」になる。

2　「努力」は目に見えにくい。1歩1歩が同じことのくりかえしに見え、しだいに飽きが来る。

ただ読書のいいところは、1冊1冊積み重なっていくことだ。それ（成果・成績）が目に見えるのだから、なかなかのものだ。なによりも励みになる。

だからというわけではないが、1冊1冊はやってみる価値がある。誰の迷惑になるわけではない。それに、本を読み、解することは、他の多くのことと異なって、やればやるほど自分の「財産」が増えることを意味する。

3　もっといいことは、読書をしそれを解くことは、そのこと自体が、面白いのだ。なぜか？

人間と人間の世界、とくに「未知」な世界を知るもっとも「簡便」で「最良」の手段だからだ。

さらにいえば、死ぬまで楽しむことのできる人間財だからだ。汲んでも尽くせぬ泉であり、それも、だれでもが手に入れることのできる、「宝庫」なのだ。

2・1・2▼1冊から何もかも学び取ろうとするのは「贅沢」をあえてすることだ。多くは、「虻蜂取らず」に終わる

1 重要な「書」（ブックやドキュメント）だ。「抜書」や「注釈」を詳しく取るのが不可欠だ。こう思われている。

だが、残念ながら、「詳しく取りすぎる」と役に立たない。とりわけ「初歩」の段階ではだ。

「最初」は、「あれもこれも」「重要」かつ「不可欠」だと思えて、漏れることのないようにと、かき集めてしまう。結果、収拾（コントロール）がとれなくなり、使い物にならなくなる。

2 むしろ「初歩」の段階では、かなり遠目からめだつ「道路標識」を見つける目線で進むがいい。かなりラフでもかまわない。

「俯瞰《ふかん》」（高所から広範囲を見通す）ならなおいいが、初心者に大網で大魚を捕まえるのは無理というものだろう。

実際、カント『純粋理性批判』をテキストに「卒論」（40枚）を書くようにと、主任教授に指示され、漏らすことがないようにと「摘要」ノートと「詳しい注釈」（??）をふし

た。そのための労力たるや計り知れない（と思えた）。だがこのぎっしり書きこまれたノート3冊、ほとんどというかまったくといっていいほど使いものにならなかった。

3　じゃあ、どうするか。「現本《テキスト》」に線を引いたり、付箋を付したり、書き込みをすればこと足りる。わたしの経験を記そう。

カントのテキスト『純粋理性批判』等には付箋を付したり、赤鉛筆でマークしたり、書き込みをすることがはばかれた。だが20代の後半から取り組んだ、処女作のテキストに選んだヘーゲル『法哲学』（独語と邦訳さらに注釈書）は、書き込みとマークで満ちている。といっても、付箋は多くない。付箋は、「ここぞ」という地点を指示する要石＝標識だからだ。

その上でいえば、まずは、

2・1・3▼あえて、熟読玩味することは避けたらいいと、いいたい

「熟読」する（read through the book with care）、もっと進んで、「眼光紙背に徹す」、あるいは「行間を読む」は、本読みの「極致」であるかのようにいわれてきた。たしかにその側面はある。

だが、どんなに優れた書、たとえ古典といわれる本でも、その「1冊」を熟読玩味する（なめるように読む）のはいいが、そこから何もかも学ぼうとするのは、無理でもあり無体でもある。できないことをあえてすることだ。

これは『書』が無尽蔵の富を蔵していることとすこしも矛盾しない。

以下この点をまず確認しよう。

1 「速読」のすすめ。

まず最初に奨めたいのは「速読」である。エッ、理解もせずに読み飛ばすなんて、と思うだろう。その通りだ。しかし、その通りではない。

本書が念頭に置いているのは、この**デジタル映像と音の時代**だ、一字一句をたどってゆく「読書」なんて「時代遅れ」だ、本なんて旧時代の遺物だ、と頭から読書（活字）を拒否するような人々ではない。

なぜか。映像や音とともに、本もスピードをもって読むことが重要だからだ。

読書、書を読み取る速さを増すことによって、映像も音もその解読スピードを加速することができる。

たとえば「三角点」の「歴史」を（多少とも）知っているのと、いないのとでは、映画

『劔岳　点の記』（新田次郎原作　木村正夫監督　２００９）の解読は、かなり違う。もっとも映画には、「読書」と同じようにストーリ（物語）がある。ただし、「音」も「映像」も、物語（性）を必ず帯びているのだが。

2　**「新聞」は速読可能**だ。ほとんど速読ですましてかまわない。

新聞（たとえば朝日）を、わたしは、ほとんど「見だし」を一瞥する（glance at the headings）だけだ。

まずTV番組欄を見て（録画予約し）、スポーツ記事（記録と順位）を確認し、あとは広告欄（全部見だし）を見る。

あるいは『文藝春秋』をまるごと「後ろから」めくってゆき、記憶に残ったキーワードを拾い、記す。およそ10分とかからない。

でもまあ、目に飛び込んできた「語」をもとに、3点、今月号の中心論点を拾い出す、ていどのことはやっていた。仕事で30年ほど時評を書いていたときだ。もちろん何か引っ掛かる箇所が飛び込んで来ると、手をとめて読む。

ただし（若いときから）速読の「訓練《トレーニング》」をしてきた結果だから、これを万人に勧めるわけにはいかない。しかし速読に「なれる」（慣れる・馴れる・熟れる）には**「集中力」こ**

そが重要なのだ。短期でいい。

3　だが反論はある。

「速読」では、食事と同じように、「味読」することがおろそかになる。さらに頭に残るものがない。

その通りだ。かつて、「早飯、早糞、早寝（早起）」は兵卒の三鉄則といわれた。重要なのはスピードだ。兵役を経験しなかった戦後世代は、この三速が苦手である。（わたしもだ。）

同時に、超長編『カラマーゾフの兄弟』（新潮文庫　全3巻）を、長時間を掛けて味わうのもいい。だが、「60分」程度で読む。そういう練習《エクササイズ》をする必要がある。もちろん、「解説」や「概要」を読まずにだ。なに、何も頭に残らなかった、まったくのムダだった（と思える）でも、いい。

トレーニングだ。1時間のことに過ぎないではないか。そのうち慣れると、多少は読み取れるようになる。小説であれ、専門研究書であれ、マンガであってもだ。

なに、尻込みする必要はない。大量の本を短期間に読まなければならないことが、（端から逃げ出さなければ、）一生に何度かある。わたしには何度もあった。全部を「読んだふり」をしたこともあったっけ。

速読は長距離でなくてはならない。それが鉄則。できるようになる人と、ならない人の差は、小さくはない。仕事にも、人生にも差が出る。

4　ただし、特殊な速読法があるわけではない。「スピード感をもって読む」練習をする、これが必要なのだ。

何度もゆっくり同じ本を読むより、何冊も積み上げた本を猛スピードで読む、これがひとまず重要なのだ、といいたい。

そう、ドラマ「相棒」の右京のような速度でである。何、たいしたことではない。訓練だ、慣れだ。一定期間、やり続けさえすれば、（ある程度までは）誰にでもできる。この「ある程度まで」が重要なのだ。特に若いとき、しゃにむにやるといい。「読書の力」が染み出てくる、ときに湧いてくる。

2・2▼「熟読」の方法

2・2・0▼難解な本でも（だからこそ）速読する

1　かつて30年間勤務した大学に、マルクス『資本論』の読書＝輪読会があった。全5

巻を熟読し、10年で完読したそうで、また最初から始めるということだった。

わたしは研究会を頭から否定するつもりはないし、自分でもなんどか主宰したことがあった。が、多くは自発的に勉強（研究）しない、できない人たちの会であった。（じつに失礼なことではあるが、事実である。）

わたしといえば、学生時代、まずは『資本論』（第1巻　マルクスの自作著）を一週間で読んだ。

ほとんどは邦訳で、肝心のところは原語（独語）で、ときに英訳を参照してだ。ま、（不遜を懼《おそ》れずに）日本語の本を読む調子で読み飛ばした。

もっとも『資本論』は厚く難解で通っていた。くだんの研究会のリーダーに会ったとき、「読むのに10年もかかったら、忘れていない？」と質してみた。びっくり顔をされた。でも「忘れない」ほうがおかしい（と思える）。

2　日本人のマルクス『資本論』研究の第一人者といわれた宇野弘蔵（1897〜1977　東大教授）の最大功績は、マルクス（とマルクス主義）の「イデオロギー」（擬似科学）と「科学」とを明確に区別しようとした点にある。宇野さんの『資本論』読解法もまた独特であった。

その宇野が断じる。わたしは『資本論』を「通読」(read through)したことはない。重要な箇所、引っ掛かったところ(難所・疑問箇所)を、何度も何度も読みかえし、検討・再検討した、と。(ま、こういうことばを頭から鵜呑みにする必要はないが。)

宇野は、マルクス理論の「最難点」でありかつ「急所」を解き明かそうとして、苦闘した。そのおかげで、あとから進むものたちの道が非常に楽になった。(わたしにとってもそうだった。)

3 速読(読み飛ばし)とともに、「切所」を集中的に熟読玩味し、反復を厭わず、曖昧なところを残さないように進み、徹底解明する必要があること、いうまでもない。

ただし熟読にも「練習」が必要だ。慣れるとともに、「読解」上達のためには「先生」(たとえば宇野『経済学方法論』(1962)やアルチュセール(仏 1918~1990)『資本論を読む』(1965 邦訳1974))が必要になる。

「切所」の発見・読解などはその道の先生、熟達者に任す(聞く)ほかはない。そのような「先生」をもつ努力をしているか、もっているかどうか、これにも「読解」力が必要だ。

何、これは「読解力」だけに特別なことではない。1980年代、現役世界最強のマラソンランナーといわれた瀬古利彦(1956~)だって、早稲田大学競走部の中村清監督

（先生）と出会い、その薫陶（education）を受けなかったなら、そのマラソン力が爆発的に開花したかどうかは、定かではない。

2・2・1▼中心点を定める

それでも、人間（「考える人」）だ、出来るところまではなるべく「一人」（独力）で行きたいものだ。それには注意すべき点がある。

1　まず中心点《テーマ》を定めることだ。それも、かならずしも著者が掲げるテーマに従う必要はない。

たとえば、最近、デジタル版の新聞記事に、キーワードが複数、ときに数十も付いている。むしろ迷ってしまう。

「読解」に関していえば、重要なのは著者（書き手）の視点であるというより、むしろ読み手の視点である。

あえて大雑把にいえば、当の本（book）や論（paper）が何をいいたいか、何を解明しようとしているかよりも、むしろ読む人間の「必要」（何を求めているか）や「視点」（切り口、何から・どこから攻略して行くか）が重要だということだ。

ひとまず速読して、読む人間（あなた）が求めるものがなかったら、その本を放り出しても、忘れ去ってしまっても、まったくかまわない。（もっともケチなわたしは、「本」を放り出すのを躊躇してしまうが。）

2　「社説」は読まない

それでいいたい。「大」（数百万の購読者をもつ）新聞の「社説」は特別のことがないかぎり、読まなくていい。というか、読まない方がいい。「読解力」を増すためには、有害無益以外のなにものでもないからだ。

あれもこれも盛り込んだ大皿料理を前にして、あなたが箸をつけるのは何からだろうか？

「社説」の「論」には、「読者」（購読者）すべてに顔を向けた、「あれもこれも」（あれでもない・これでもない）の「意見」（らしきもの）はあるが、「これだ」という「主張」すなわち「中心点」がない。

3　だが、「中心」を発見するのは簡単ではない。とくに1冊の「著書」から、中心中の中心を発見するのは難しい。ではどうするか？　料理を前に何から箸をつけるか？

ファーストステップ、これは常に暫定的だ。（のちに）違ったと思えても、少しもかまわない。「第1歩」は肝心だが、第1歩（とっかかり）に過ぎない。

2・2・2▼まず1点。そしてもう2点、計3点を選び取る

『奥の細道』の「松島」だ。（わたしも行ったことがある。絵はがきではない。すさまじく、というほかない、美しさだった。松島の島々が、大波に呑み込まれるほど激しい暴風雨のさなかだった。）

2・2・2・1▼全部いい

1　芭蕉は、松島を眼前にして、茫然自失、言葉を失った。そして詠んだ（と思える）。

「松島や　ああ松島や　松島や」

重要なのは読む人の「視点」だ「心情」だ。だがおのれ（芭蕉）の視点や心情が打ち消されるほどに、現前にある「対象」（松島）がすごいということだ（ろう）。ワンダーフルで、これは「平凡」だが、言葉を失うほどの非凡な情景を前にした作者の心情だ（ろう）。

2　対して、同行する曽良が詠む。

「松島や　鶴に身をかれ　ほととぎす」

松島のなんとすばらしい眺めよ。できるなら（松に似合う）鶴の姿を借りて鳴き渡ってくれ。ほととぎすよ。

なるほど、松島を現前にすればおのずと口をつく曽良の句は、よくよく分かる。

3　芭蕉と曽良、この主従いずれの句がすぐれているのか？　これがここでの第一の問題ではない。松島という多島海は、「松島」という表現以外で現すことが出来ないほどに、作者（芭蕉）を圧倒したさまを読み取ることができればいい（と思える）。ましてや5・7・5の世界だ。字数制限がある。

ただし言い添えておけば、「あなた、あなた、あなた。あなたの全部が好き。」は、よくあるように、一転して、「あなた、あなた、あなた。あなたの全部が嫌い。」となる。芭蕉の「松島や……」と同じようで、違う（と思える）。

2・2・2▼読めば（観れば）わかる?!

1　子規は、短歌革新・俳句革新運動を敢行する。革命児だ。紀貫之を「下手な歌詠み」と断じ、蕉風の「温故知新」（わび・さび）を批判し、「写生」を重視した。その代表作、

「柿食えば　鐘が鳴るなり　法隆寺」

なるほど、1960年代、斑鳩《いかるが》を一人で歩くとき、この句がついわたしの口をついてでた。「素」（シンプル・イズ・ベスト）である。（でもなんか「恥ずかしい」、と思えた。）

2　子規は蕪村の句を愛した。その蕪村の句に、

「さみだれや　大河を前に　家二軒」

がある。子規のいうように、絵画的だ。しかし同時に、蕪村の極私的な人生の1ページが刻印されている句でもある。正視できないほどの「恐怖」と「孤独」に満ちた1コマだ（と思える）。

この1句がつながるのは、芭蕉の「かるみ」で、俗を表に出すが、「不易流行」だ。蕪村に、さらには子規にもつながっている。「観る」ものに読み解することが出来なければ、ただの「写生」にすぎない。

「ひやひやと　壁を踏まえて　昼寝かな」（芭蕉）

3　読めば分かる、には気をつけたい。

どんな文にも、書にも、絵画にも、音楽にも、読めば分かる、見れば分かる、聞けば分かる、という体のものには、気をつけたらいい。

作者の視点だけではなく、読む・見る・聞く人の視点があるからだ。

作者の視点というが、「書かれたもの」は作者の視点から「独立してある」ということも（こそが）重要なのだ。

読む・解するには、ふたたび、みたび、読む人の視点（こそ）が重要なのだ、といおう。作者がいおうとしていることと、読者が求めていることは、違って当然である。**重要なのは、何を求めて、その本を読むのかだ。**

求めるものがなにも書いてなくても、それはそれでよい。「ムダ」をした、と思わないほうが肝心だ。むしろ、あなたの本選びがまずかった、と思っていい。

ここでも書店の書棚を前に、本を抜き出し、「速読」で買う・買わないの当たりをつけることが必要だということだ。

2・2・2・3▼まったく正反対の視点に立ってみる、を奨めたい

1　せっかく手に取った。当てが外れた。それだけではない。自分の求めるものとまったく関連のないこと（主張・内容）ばかり書いてある。なんだ。腹が立つ。とんでもないムダをした。こう思えるだろう。

だが、どんな主張や内容にも、まったくのでたらめ、悪どい嘘に満ちた本というのは稀だ。そして、そういう本もなかなか面白い。少なくとも暇つぶしにはなる。

かなり昔のことだ。旅行先で読む本がなくなる。便所の尻拭き紙（多くは雑誌をばらした紙、ときには、週刊誌まるごと一冊）が片隅に置いてあった。

作家の開高健（1930〜89）は、その「紙」を手に取って読み、その「紙」で尻を拭き、その残部をときに持ち帰って読んだそうだ。これは活字中毒者が無聊《ぶりょう》（手持ち無沙汰）をなぐさめる話だけのことではない。

いまは水洗便所で、新聞紙で拭いたら大変なことになる。だから、本（種類を問わない）を数冊棚に常備し、読みふける。これが精神・身体状態に大変よろしい。

2　さらに**自分と正反対の主張、立場の本は、むしろ重要**なのだ。ときに「絶対少数」の異論でさえ、その主張や論理を知ることはとてもたいせつだ。

大多数の意見に賛同するのは、とても簡単だ。苦労がいらない。「付和雷同」に近い。「みんなで渡れば怖くない」だ。

「少数意見」を張るのには、多少の勇気がいる。たんなる「臍曲り《ひねくれもの》」の類ではない。

もっと必要なのは少数意見の「論拠」だ。（ただし「少数者」や「弱者」の立場に立つ論理とも違う。「弱者」の論理は、多数者の意見であることがしばしばだ。）

「筋」（ロジック）が通っていなければ、簡単に粉砕される。
3 「公正」・「中立」・「正義」の意見には、常に注意したい。
「1960年代は、明るい未来に満ちていた。」等という「世論」を、60年代に学生時代を過ごした人間たちは、すなおに是認できない。2020年から考えると、想像を絶するほどに貧しく惨めだった。

じゃあ、現在は「バラ色」かというと、そんなことはない。世論（多数意見）は、「差別」と「不公正」に満ちた「不幸」な社会であるかのように色づけしている。（ま、ニーチェのいうように、意識上、「現在はつねに不幸だ」が。）

だから、さらに重要なのは、「わたし」はどんな立場に立つかではない。**その立場はどんな理解・論拠にもとづいているか**、である。

その理解・論拠へ、どうすれば、「読書・読解」が手がかりと方法（技術）を与えてくれるか、である。

2・3▼中心の1点を主題に、3点で文章化する（1行、40字以内で）

それはともかく、「中心」が「ごろり」と文（「本」）のなかに転がっているわけではない。とりあえず（as a first step）読み手が「中心」をとりだす。これが肝心なのだ。

2・3・0▼書くことができてはじめて理解できたということになる

「読む」という。しかし思うべきは、「書物」は、それが優れていればいるほど、「無数」の読み方が可能だ、ということをまず（as a first step）知ってほしい。むしろ、**単純明快（読解無用・説明不要）と思えるものほど、気をつけるべきだ。**なぜか。

「単純明快」はけっして単純明快ではないからだ。

2・3・1▼人間は「ことば」だ

「この花は赤い。」

1　「この」花は、誰にとっても「赤い」のか？（いま色盲の人はとりあえず除外する。）

見れば、分かるのか？　「真紅」というが、それってパシッと「決まる」の？　あるいは「決まっている」の？　決め手は何か？

2　花の「色」には無数の（としか「いいよう」のない）グラデーション（格差）がある。

「赤色」は「赤色ではない色」との区別・差異によって決まる。

だが「赤色」と「赤色でない色」との区別や差異の明確な「境界線」は「ある」が、「ない」。つまるところ、赤色も、赤ではない色も、無数にある（としかいいようがない）。「赤と黒」、「赤と白」、「赤と……」の「境」はあるが、「確定・不動の境」はない。なぜか？

「点」は長さがないが、その「点の連続」が「線」で、「長さ」をもつ、と同じ「理由」からだ。

そして赤と黒との違いも「無数」にある。

さらに「赤」（色）は「ある」が、無数に「ある」、だから「これが赤だ」というのは「ない」としかいいようがない。（なぞかけ問答に誘い込むつもりはない。）

それに、「赤」という「色」は「ある」のか？　……

3　わたしたち**人間の世界は、「ことば」によって区切られて、はじめて、「花である」「花でない」、「赤である」「赤でない」といえるのである。**

すなわち、「ことば」で「世界」（すべてのもの）を仕切る・区切る・判断するのだ。

4　しかも、**人間もまた「ことば」で世界を知る（識別する）だけではなく、「ことば」でできている。**

もう少し正確にいうと、人間は「ことば」を「もち」、「使う」ことで、人間以外のものから人間になったのだ。

「非人間＋ことば」＝「人間」なのである。

5　人間個体も、ことばを使うことが出来るようになって、人間になってゆく、人間世界の住人になる、と考えて間違いない。

だから、「ことば＝人間」であるなら、「ことばの集合＝書物」＝「人間」である、といっていい。

6　そのうえ、**「ことばの力」は、**「いまここにないもの」を、「いまだかつてどこにもなかったもの」を喚起する（awaken　産み出す）**創造力の「源」**である。

ちなみにいおう。『**聖書**』も『**日本書紀**』もことばが産み出したものだ。いわく。

「神が世界を造った。」、「神はことばだ。」、「ことばが世界を産出する。」

2・3・2▼まず、「あなた」が「ことば」で「中心」を決める。「○×」と「判断」をする

だが、もちろん、「ことば」が「万能」（allmighty）などといっているのではない。

1　音楽や映像は「ことば」を超える、とよくいわれる。だが**「音」も「像」も「ことば」なのだ**。

もちろん言語によって独自の表現力を獲得し、音楽や映画になることができる。その逆ではない。（かつて古代ギリシアで「音楽」は「数学」の一種であった。）

とりあえず「世界（書物）の中心」を決定してみようではないか。中心のきまっていない「解」は、あれでもあり、これでもないで、「読解」の放棄に等しい。

2　ただし当てずっぽうはいけない。なぜそれを中心におくのか、という「理由」が必要だ。

なに、誤ったら正せばいいのだ。トライアル・アンド・エラー、再チャレンジだ。

「減反は自然破壊である。（美しい日本を破壊する。）」

こういう「意見」や「主張」がかつて大流行した。（たしかに「棚田」は美しい。だが

稲作=棚田ではない。棚畑も多様で、古い。麦も、芋も、蜜柑も、……も、棚田に植えられた。）

では**「読解」してみよう**。

①有史以来、大規模な自然破壊は、「農業」からはじまった。

②その農業を「工業」が後押しもしたが、衰退に追い込む。

③では①②から「農業」は自然保護の推進力に転じたといえるのか？

断じて、いえない。

1.かつても今も、大枠で、農業が自然「利用」（改良）という名の「破壊」である（ことは変わっていない）。

2.工業は自然利用（破壊）で農業を圧倒し、自然利用（破壊）の最大因になった。

3.人間社会は、工業の「ない」あるいは「減速」した社会に戻ることができるのか？できるとして、それを人間多数は望むのか？

望む人は、工業化した社会で暮らすことは困難だ。エッ「自給自足」があるって。だが「採取」といえども、「自然」を「取る」ので、「破壊」じゃないの？

つまり「減反反対！」は、「環境保全」や「環境破壊」をからめると、実に難しい・ややっこしい問題を含んでいる、ということがわかるだろう。大量・大規模か、少量・小規模かにかかわらず、利用と破壊（汚染）は表裏一体（矛盾）である。

わたしは、定職に就いた30代から定年（70歳）後の70代の半ばまで、職場は都市だが、自然ゆたかな（といっても再開発の爪痕を深く残した）「過疎地」に居を定めてきた。まわりの「自然」も「景観」もすてきで、実に快適だった。

といっても苦慮したことがある。とくに「水」害を避けるために選んだ「山」の中腹である。「水」（上水・下水）に苦しんだ。上・下水とも「濾過」が必要で、しかも排水は下流に流れてしまう。それが通年になると「溜り」、「自然」を汚染する。もちろん可能なかぎりの工夫をしたが、個人の限界は知れているのだ。10〜30年とたつと、まわりに住民も増え、水道が引かれたものの、汚染は目に見えるようになる。水田にも農地にも流れ込む。

2・3・3▼「世界」は複雑系だ。一筋縄ではいかない（Nothing is simple.）

でも、どんな複雑で微妙な問題であっても、ひとまずは（仮に）「これ」だ、と「判断」

することが重要だ。なぜか？

1例

1.農業は「自然保護」である。　肯定

2.農業は「自然破壊」である。　否定

3.農業は自然破壊だが、その破壊を「緩和」するケースがある。　否定・肯定

2例　しかし1例の2.から

①農業は自然破壊だ。

②「減反阻止！」は工業の自然破壊より緩慢だ。

③「減反反対！」は、「自然破壊阻止！」ではない。ましてや「自然保護！」ではない。「棚田保存！」もこの線上にある。自然破壊の「緩慢」化にすぎない。「減反阻止！」に「美しい日本を取り戻せ！」を絡めると、さらに複雑（怪奇）になる、と思うが、どうだろう。

3例　農業も工業も自然破壊だが、自然保護と歩調を合わせることは可能だ。

1.1960代の高度成長時代、日本の「汚染」（水・空気）、「自然破壊」（都会・農村）は全土を覆った。実にひどかった。

「日本沈没！」という標語があふれ、「この時代に生まれた人間の過半は平均寿命30代」という極論までまことしやかに語られた。

2.日本人の手で、公・私にかかわらず、「汚染」と「破壊」防止の努力がはじまった。汚染や破壊がなくなったわけではない。それは人間が生きているかぎり不可能だ。重要なのは、人間（社会）の「生存」を破壊しない段階まで「回復」させる努力である。

3.「回復度」に満足はありえない。しかし、「汚染ゼロ！」や「破壊ゼロ！」もまた不可能だ。

さらに「ゼロを目指せ！」も不可能をあえてすることで、誤りだ。

重要なのは「回復」であり「治療」なのだ。

あなたなら、どの読解例を選ぶか？　それとも別解があるだろうか？　考えてみて欲しい。

3　読解の技術　how to read

では読解の技術を学んでいこう。

1　まず「技術」とは何か？

「ハウ・ツウ」だ。「a method; a way;〔方策〕a plan; a system;〔手段〕a means 」（新大和英辞典　研究社）とある。

しかし肝心要の、technology〔技術〕と art〔芸術〕が抜けている。これら全部をひっくるめて、「技術」なのだ。

そんなことはない。テクノ（ロジイ）とアートは真逆じゃないか、というかも知れない。また技術者と芸術家は、明らかに、異なる、と。

だが二つは「語源」も「意味」も同じなのだ。

Ars longa, vita brevis.（アルス・ロンガ、ビータ・ブレビス。ラテン語）は、古代ギリシアの医師（の始祖といわれる）、**ヒポクラテス**（紀元前5～4世紀）の言葉（のラテン語訳）だ。彼の本意は、**「技術は長い、人生は短い。だからたゆみなく努力せよ。」**というものだ。なんだ、一見、真逆のことをいっているように聞こえるだろう。

2　**梅棹忠夫**は**『知的生産の技術』**（岩波新書　1969）を書いて、**清水幾太郎『論文の書き方』**（岩波新書　1959）の対極に立った。ともに超ロングセラーである。

清水は、「論文」を書く・書けないは、「生まれつきの才能」で、その才能（をもった清水）が経験上役だった「ヒント」を教えよう、という。

曰く、一文は短く、簡潔に。曰く、「……が、」を多用しない、等々。身も蓋もない意見のようだが、なるほどと思えたし、役に立った。それによく・長く売れた。

対して、梅棹は、だれでもわかる・書ける論文の「技術」、すなわちやり方さえまちがわなければだれでも取得可能な知的生産の「技術」を公開した。つまり「アート」と「技術」に境目はない、と結論づけた。（ように思える。）

わたしは、「アートは極まれば技術に至り（清水）、技術は極まればアートに至る（梅棹）」といいたい。拙著『入門・論文の書き方』（PHP新書　1999　「入門」は編集部がつけた）

でだ。（この本は少し売れた。）わたしはこの命題をロシア革命を「成功」させたレーニンから学んだ。

アート＝テクノロジイ、まずこの言葉（命題）を記憶して欲しい。

3・1▼比較法

3・1・0▼「比較」は「論理」の基本だ

「比較」というと、根拠が弱い、自分の主張がない、どっちつかずの「態度」のように取られる。正しいか？

1　敗戦後、学校教育の「評価法」は、当初、「教師」の自主「判断」に委ねられた。生徒本人の「能力」を評価するという（名目でなされる）「絶対評価」（実情は教師の「勝手」）である。

隣家の同期M君の通信簿は「優」（のちに「5」）がずらりと並んでいた。対してわたしのには、「優」が数個、ほとんど「良」で、「可」（赤点＝「2」）さえあった。悔しかったが、さらに、母に嘆かれ、叱責されることはなはだしかった。

のちに「相対」評価に変わった。中学では、クラスの上位A％＝5、B％＝4、C％＝

3、D％＝2、E％＝1で、A＋B＋C＋D＋E＝100（％）であった。A＝E、B＝D、C＝50（％）であり、実をいえば「偏差値」（相対＝分布図）評価であった。（田舎の学校だったから、わたしの成績は急に「5」が多くなり、高校受験には有利になった。）

2　大学では、「語学」はカッコ付きの「絶対」評価であった。60点以上は、合格、59点以下は不合格＝再試験で、この1点の差が明暗を分けた。

大学でおこなわれる教師の評価は「絶対」評価である。だが「教師」によって評価（基準）が変わる。だからむしろ期末試験であろうが、演習・実験等の実績評価であろうが、「絶対」評価ではない。ペーパテストを基準にしようと、「実績」を基準にする評価であろうと、教師の「恣意」が少なからず入る。

3　それでひとまずいいたい。比較基準のない評価、「絶対」評価はやっかいだ。どんなに「本当」そうに見えても、そう見えるに過ぎない、と思って欲しい、と。

3・1・1▼日本人は「比較」が苦手（weak point）で、嫌いだ

それでも「比較」されることを、人間は嫌う。とりわけ日本人は嫌う。そう思わないであろうか？

1　もういちど**福沢諭吉『学問のすゝめ』**冒頭を思い起こして欲しい。

「天は人の上に人を造らず、人の下に人を造らずと云えり。」

これは、明治初期に大ベストセラーとなった福沢諭吉『学問のすゝめ』の冒頭の言葉だ。人間は平等だ、差別や格差はよろしくない、という考えの端的な表明、日本の民主主義の「原点」であるとみなされている。

2　しかしよくよく気をつけて読む必要がある。

この文の最後は「……と云えり。」で、「造らず」と自ら断定しているわけではない。事実、この冒頭文のすぐ後に続くのが、

広く人間世界を見渡せば、貴賤、賢愚、貧富の差がある。なぜか。学ばないからだ。学べば貴人、富人、賢人になる。学ばず、無学なる者は賤・愚・貧人となる。

こう、身も蓋もないことを記すのだ。

ただし、ここでいわれるのは、学問する、すなわち、学ぶ＝努力する（industry）すすめで、人間の努力こそが未来を切り開く個人と社会の原動力、精神だというわけだ。

読者の多く（とりわけ義務教育を保障されている1970年以降の人々）は、「人間はみな平等だ」までを読み、学ぶもの（だけ）が貴・賢・富をえる道を進むことができる、

という諭吉の「本意」を忘れる。

3　この本が「学問のすゝめ」と題され、爆発的に読まれた第一の理由＝核心は、多くの人に「学ぶ自由」が許された時代がやってきたのだから、だれもが「努力」次第で自分の道を開くことができる、というメッセージ（訴え）だった。

4　読み方あるいは読み手に関係なく、「核心」が常に同じというのは、概して単純な構造でできあがった書物だ。特別の読解力を必要としない。読んだら分かる、あるいは逆に、専門《スペシャリスト》の人には簡単に分かるが、専門外《アマチュア》の人にはまったく分からない。こういっていい。

たとえば、「人口問題」である。

1.21世紀、人口減少が日本を衰退に導く。
2.かつて（1960年代まで）、人口増加が日本を衰退に導く（といわれた）。
3.わたしたち、現在70歳以上の日本人は、2.をすっかり忘れてしまった（ようだ）。

3・1・2▼日本人は絶えず「東西」比較で考えてきた

ところで、日本人は「比較」でものごとを判断するのを、ためらうのか？　そうではない、と強くいいたい。

1　人は、「比較」されること、とくに自分と「同等」ないしは「少しだけ上にある」人と比較され、「下と」みられることをとくに嫌悪する。おまえ・あなたとおれ・わたしは同じじゃないか、と。

これを「嫉妬の感情」とし、人間の「本性」（自然）とみなしたのは、ホッブズ（英1588～1679）**である。人間は（能力の総体において）平等だから、「嫉妬」の感情を発動させ、争い（対立と抗争）をやめることはできない。**こういうのだ。「平等だからこそ↓嫉妬の感情を生み↓対立・抗争に至る」である。

2　日本（人）は、古くは隋・唐《チャイナ》を手本に、学び、それをモデルに優劣を比較してきた。また16世紀からは西欧を手本に、それと比較してきた。「比較」は不得意ではない。むしろ、「馴れている」、といっていいのだ。

3　問題は、日本（人）が、隋・唐や、元・宋、明・清、それにポルトガル・スペイン、蘭・英・米・露（人）よりも、《比較して》、「より平和」で「より平等」なクニ（ヒト）である、と考えてきたことだ。（歴史＝書かれたものを繙《ひもと》けば、事実であることが分かる。）

4　だから「バブル」は異常だが、多少の「バブル」はいいのではないか、と思え、納得してしまう。

その結果、日本（人）は「曖昧」や「中途半端」で納得する。いつも「根本解決」をめざさない。こう批判されている。正当だろうか？

3・1・3▼比較とは、バランスのいい「改善」思考だ

だが**「比較」を「読解」（reading）の真ん中におくこと**を、まずわたしはすすめたい。そして「比較」（相対思考）の長所を、まず知ってほしい。
1　「比較」を「読解」の中核に置くと、「根本」解決をめざす行き方は逆の結果を生む、と考えたのがヒューム（英　1711〜76）であった。その考えは、一見して、風変わりに思える。
ヒューム哲学（読解の中心）は、「原因」と「結果」のあいだには、「必然的連鎖《つながり》」はない、「偶然の連鎖」であり、「必然」と思えるのは、同じ原因に同じ結果が何度も続いて起こったにすぎない、と解く。

わたしたちが「必然」というのは、（これまでの）経験で、同じ（ような）ことが繰り返し起こったからにすぎない。もちろん、よく探せば「例外」はある。「無数」にある。

だから「つぎ」に何が起こるのか分からない。つまり「偶然」の連鎖なのだ、と。

まさに「例外のない規則はない」（Every rule has its exceptions.；There are exceptions to every rule.；There is no rule without its exceptions.）で、ドンピシャリだと思える（だろう）。

2　じゃあ、ヒュームは、世の中は何が起こるか分からない。まったくの偶然だ。どうやっても、結果（どうなるか）は分からない。好き勝手《ケセラセラ》でゆくしかない。こう、いっているのか？　そんなことはない。まったく逆だ。

3　「必然」といわれているものは、同じことを繰り返し続けること、すなわち「習慣」から生まれる。「習慣」、日々の努力＝励行を中心において、目標（＝結果）達成をめざせ、といっていうのだ。つまり、くりかえし＝反復＝1歩1歩を重視すべし、である。

明日何が起こるか分からない。「今日」の「いま」をどう生きるか？　昨日の1歩に続く今日の1歩を！　だ。まさに「改善」思考であり、「飛躍」や「断絶」のない、バランスのいい考え方、実行の仕方だ。

そうそう、天才だといわれているイチロー（野球選手）が励行しているウェイ（way=art）でもある。もちろん「3日」ならだれでもできる（「3日坊主」の）ウェイだ。

ただし、長期続行が難しい「稀少」ウェイでもある。

3・1・4▼「比較法」とは、関係性でものごとをつかむ（読解する）方法だ

少しむずかしくなるが、当たり前のことをいうにすぎない。

1　「比較」法とは、「関係性」（relation　比較）で「ものごと」をつかむ方法だ。たとえば、「父親」というものが、独立・不動のまま・そこに存在するわけではない。

①両親との関係では息子（愚息）、②姉との関係では弟（賢弟）、③妻との関係では夫（暴夫）、④子との関係では父親（辛親）、⑤職場との関係では社員（課長）、⑥自治体との関係では区民・市民・県民（納税者）、⑦国との関係では国民、⑧世界との関係では日本人（日本ファースト）、⑨……等々で、どの関係で「事態《ものごと》」をつかむ（理解＝読解する）かによって、「事態」が・評価が異なる。

つまり、**ものごとはすべて関係性の連鎖のなかにある**、ということだ。簡単にいえば、わたしたちは、意識する・しないにかかわらず、**あらゆることを関係（＝比較）においてつかんで（理解＝読解して）いる**ということができる。

2　事態をどの関係「性《レベル》」でつかむかによって、「そのもの」のあり方・見え方・読み

方も異なるということだ。
これはすべてのことにも通じる。
1.どんなに「新」事実に見えようとも、「既」（同じような）事実＝「先」例は（必ず）ある。
2.どんなに似た「先例」でも、まったく同じ「先例」はない。
3.新発見（新奇）とは関係性の組み替え（＝新しい関係の樹立）である。
以上の3命題《テーゼ》は、相対立している（ように思える）が、それぞれ（関係性が異なるため）成り立つ。きわめて重要な命題なのだ。
3 「読解」で「つねに」重要なのは、忘れてはならないのは、**「どのような関係性」で事態をつかもうとするかだ。つまり読む人の「立場」であり、「見方」だ。**
可能なかぎり「包括」（全体）的な関係性で読解しようとすると、総花的な「あれもあり・これもあり」「あれでもない・これでもない」の、「肝心要《きも》」のない無理解（解決）になってしまう。

逆にこれこそ「中心」関係だととりだしても、的外れ、多くはひとりよがり（独善）で終わってしまう。

4　中心があって、ひとりよがりに終わらないためには、**「歴史」（過去）のなかに「先例」を探し、それと比較（対照）する必要**がある。**「温故知新」**（studying the past to learn new things; learning from history.）で、これ以外にない。

5　ここで「歴史」とは、文字通り、「書かれたもの＝書物」と理解してかまわない。「歴史（history）を読む」は、その中心にあるのが「読書」（reading）である。最も重要で必要なのが「読解」なのだ。

3・2▼理想法

3・2・0▼「理想」は重要だ。だが「単純」だ（にすぎる）から、早晩《はやかれおそかれ》、暗礁《あんしょう》（rocks）に乗り上げる

「おまえ（鷲田）は理想が低い。」とよくいわれた。

理想などまったく考えたこともなさそうな教師や理想を御題目としかみなしていない先輩や仲間内にだ。

「理想だけは気をつけろ！」それが幼童期（？）からわたしに染みついた「性癖《メンタル》」であった（、と思える）。だから「理想」を熱心に語る人に、信をおくことはできなかった。

いまもできない。

じゃあ、「理想」など求めない、「現実《ただもの》」主義者がいい、とみなしてきたのか？　然り、かつ、否だ。

3・2・1▼「理想」とは「どこにもないもの」のことだ。実現不能なことだ

最初にいっておきたい。
1　「理想郷」とは、〈Utopia＝「どこにも無い国」の意のギリシア語に基づき、ラテン語風に造語したもの。トーマス・モアの小説の題名に由来〉（新明解国語辞典）。つまりは「どこにもない場所（topos）」のことだ。
2　「理想」とは〈〔哲〕（ideal）行為・性質・状態などに関して、考え得る最高の状態。未だ現実には存在しないが、実現可能なものとして行為の目的であり、その意味で行為の起動力である。〉（広辞苑）といわれる。
「理想」＝「考え得る最高の状態」は実現するのか？　しない。しないが、実現にむかってゆく行為の目的であり、起動力である。広辞苑（の説明）を読むとこうなる。

じつに厄介だ。なぜか？

3 「理想」は「どこにも存在しない」が、その発見や実現（＝目的）にむかって、人を誘因・誘導する。

「理想」にむかって努力するのは、むしろ素敵じゃないか。たとえ、短期間であれ、理想にむかって努力さえしない、ちゃらんぽらんな人間よりも、ずっとまともではないか、と。

たしかに、だが、そうだ、とはいいたくない。

3・2・2▼「理想」が厄介なのは、それが「明確」だからだ。実現をめざすほぼすべての人を、「実現できない」ために、「翻弄」し「失望」させる

つまり「理想」は「理想」を棄てさせる原因になるということだ。

1 最高な状態を目標にし、それを達成しようとするのは、少しも素敵ではない。早晩、というか、早急に、「頓挫」「失敗」「放棄」が約束されており、極少数の例外を除いて、実際、理想を放棄する結果になる。

2 もっと困るのは、どんなに失敗しても、あくまでも「理想」を追求する、極少数者を産み出す。なぜか「理想追求」はかっこいいこと（のよう）に思われてきた。今後もだ。

3 さらに困るのは、理想を追求して失敗するのが誤りではなく、追求するのを邪魔

するものが悪い、ということになる。こうなると、まさに「身勝手」で、「狂気」に近い。治す薬はない。

3・2・3▼「理想」が「悪夢」となるとき

「理想（郷）」を追求するのは素晴らしいことだ。だが見果てぬ夢だ。たとえ実現しなくても、実現しようとする「努力」は（こそ）貴い。こういう努力から重要かつ稀な発見や発明が生まれる。こういわれる。

何か貴重なことをいわれたような気がする。だが違うのだ。

1 「目標《ゴール》」と「理想」は違う。「理想」にゴールはない。旅程《ディスタンス》もない。（途中下車）駅さえないのだ。厳密にいえば、理想をめざして出発しようとしても、「出発」（点）は（わから）ない。

たとえ「出発」できたとしても、途中下車はできない。

途中下車を（最初から見込んだ）理想追求は、「理想」追求などとはいえない。お芝居であり、ほとんどはただの「口害」にすぎない。

2 「目的」は「実現（到達）可能」でなければならない。

第1に、「行程表《スケジュール》」が必要だ。多くは、「目標」から逆算して、「いま」なにができるか、したがって「つぎに」なにをするか、を決める必要がある。

出たとこ勝負ではじまる「目標」は、「無責任」あるいは「無謀」な目標で、「暗礁《ロック》」を覚悟しなければならない。

3　それでも「理想」がただの雲散霧消に終わるだけならば、まだ、たいしたことはないといっていい。しかしそうでない場合がある。

「理想」にむかって「ゴー！」したら、止まらない、堪らない、……悲惨なことになる。「夢《ユートピア》」が「悪夢《デトピア》」になる。

歴史はそんな「実例」に満ちている。最近では旧ソ連や北朝鮮、旧カンボジア（クメールルージュ）等々、枚挙に暇《いとま》がない。そしてまずいことに、「歴史」はやり直しがきかない。

なぜ、平等社会の実現を願った（理想とした）共産主義社会が、強制（労働）収容所やロボトミー（前頭葉切截術）の精神病院を生んだかだ。まったく「逆ユートピア」を生んだのだ。

3・2・4▼「理想」をモデルにしてはいけない

1 「理想」(idea) は「頭の中」に「ある」。「頭の中」にしか「ない」。

2 「理想」はどんなアートでもテクノロジイをもってしても「実現」することはできない。「模倣」することができるだけだ。

3 結論。どんなに美しく (beautiful)、素晴らしく (wonderful) 思えても、「理想」を振りまく、あるいは**その核心に「理想」を置く言説や書物を信じてはいけない。まして や真似してはいけない**。大火傷をする。

「いじめのない社会」は「どうしたらできるの」と発想するのも、この類だ。「理想」を語ったり書いてはいけないないのだ。

改良、不断の「改良」があるだけだ。「モア・ベター」である。もっと簡略に、「ステップ・バイ・ステップ」だ。

3・3▼常識法

3・3・0▼「常識」とは「共通感覚」のことだ

1 「常識」とは何か? 「コモンセンス」(英 common sense) で、訳語だ。

「共通感覚」のことで、五感（覚）すなわち目（視覚）・耳（聴覚）・鼻（臭覚）・舌（味覚）・皮膚（触覚）をベースにした知覚（perception）のことだ。もちろん脳も感覚器官（中枢・統合覚）である。

2　では日本語でなんというか？　「理の当然」で、人間なら、だれでも、目・耳・鼻・舌・皮膚・脳を「正常に働かせる」と「だれでも《おのずと》」感じ取ることができる。

3　だがここからが難しい。「常識」は感覚に根ざしている。

だが、同じものを舌で味わっても、味覚（味感）は同じではない。舌が変われば、否、舌が同じ（人のもの）でも、そのときどきで、「味」（味わい）は、そのつど、同じというわけにはいかない。

というので「共通感覚」は「共通」といい「感覚」といっても、とても厄介なのだ。まずこのことをおさえたい。

4　ちなみに、同じような言葉に「良識」（good sense）がある。仏語で「ボン・サンス」（bon sens）、ときに「理性」と訳されることがある。

「良識」と「常識」はどう違うか？　このことも頭に入れておいて欲しい。

3・3・1▼「常識」は怖い

1　辞書にこうある。

①〈(common sense) 普通、一般人が持ち、また、持っているべき知識。専門的知識でない一般的知識とともに、理解力・判断力・思慮分別などを含む。〉(広辞苑)

②〈〔common sense の訳語〕健全な社会人なら持っているはずの (ことが要求される)、ごく普通の知識・判断力。〔＝一応視野が広くて首肯出来るように見えるが、専門的見地からすると成立しないと思われる考え(方)〕〉(明解国語辞典)

①も②も同じで、専門知を含まない「常識」とはなんだか頼りない・あいまいな知覚 (perception) や判断 (judgement) に思える。

2　だがそうではない、とまずいいたい。

「常識」とは、長い時間を掛けて蓄積された共同・共通の意識で、無意識に《おのずと》 (natural) 通じ合う意識といっていい。

「ことば」などがそれに当たる。たとえば「万葉集には古代日本人の心が歌われている」といわれるが、「現代日本人にも通じる心 (共通感情) が歌われている」ということもできる。

また、「皇統」は1300年余であり、明らかに「皇紀2600年」余ではないし、もちろん「万世」にわたって続いてきたわけではない。

しかしだ。日本の皇統は、世界に類例がないほど長く続いてきた、「万世」とよぶにふさわしい「記憶」の類で、これも日本民族の無意識＝「常識」＝「自然感情」と呼ぶことができる。

3　さらに「常識」は「共通感覚」といわれるが、「時と場所」が異なれば、異なる。「江戸」と「明治」、「戦前」と「戦後」、「日本」と「韓国」だけでなく、関西人と北海道人でも異なる。もっと狭く「東大生」と「札大生」でも異なる。ただし「違い」に注目すればだ。

「日本人」と「韓国人」は「共通点」を数え上げればきりがない。「東大生」と「札大生」の共通点は無数にある。

4　ここでも「常識」の「比較」が重要なことが分かる。

「島国根性」とよくいわれる。坂本竜馬は、島国、かつては「鬼が住む国」といわれた土佐（＝背面は山、前面が太平洋に向いていた）に生まれたからこそ、つねに「海外」のことに気持ちが向かったので、島国根性にとらわれなかった（ということもできる）。「国粋」主義者吉田松陰もそうだ。本州の西の端に生まれた松蔭が、本州西の北端、竜飛岬にたどり着き、津軽海峡を行き来する夷狄の船にむかって吠えている。夷狄を知ろうと米艦に乗り込もうとした。

重要なのは、**「常識」も、つねに比較（相対化）する必要**があるということだ。

5　もっと重要なのは、「常識」の「強さ」を知っておくことだ。「常識」に（下手に）逆らえば、「常識」に跳ね返される。通るものも通らなくなる。なぜか？

「常識」は「多数者」＝「大衆」の意識だからだ。とくに民主主義（社会）では、簡単に跳ね返されてしまう。

6　だから「温《おん》故《こ》知《ち》新《しん》」(studying the past to learn new things; learning from history）こそが重要なのである。

「歴史」や「先例」を「古い」「邪魔だ」と頭からはねつけず、それから「学ぶ」ことだ。

3・3・2▼「歴史」は変わる。つねに「検討」し直さなければ、「読解」が不十分になる

1　人間の世界は、大は「地球」から小は「個人」まで、長は「宇宙の発生」から短は

「21世紀」まで、「最新《そうぞう》」（originality）は表層のほんの「微《わずか》」にすぎない。

だから「むかし」と「いま」はつねに「連続」している。「いま」は「むかし」の上を覆う表層数ミリのことにすぎないのだ。

2　同時に、歴史には、時間と空間ともに、非連続としか呼びようのない事態がある。「関東大震災」（1923）で「江戸時代」と陸続きの「東京」は消失した、といわれる。「東京オリンピック」（1964）で古い東京は「一新」した、といわれる。「消失」といい「一新」というが、もちろん「一部」に過ぎない。

しかし「連続」の部分が「切断」されてゆく。それが連続して「一新」に向かう。「不連続の連続」といわれる理由だ。この「切断」期・機が重要だ。比較の基準が異なる「期間」である。

3　古い常識で東京をつかむと、江戸に連続した、昭和に連続した東京への「郷愁」や「復古」になる。新しい常識でつかむと、「新」東京、「超」東京への「志向《トレンド》」や「衝撃《インパクト》」になる。

どちらがいいか、は単純ではない。しかし、大小長短のちがいはあれ、つねに歴史は変わる。動く。動・不動の両面から「歴史」を見る必要がある。

3・3・3▼「人間の本性」に適う「常識」

1　その上でいいたい。

人間には（人間であるかぎり）「変わらない部分」がある。「人間本性」（human nature）とよばれるものだ。

この人間本性にもとづく・適う「常識」がある。人間ならば、誰にでもある・誰もが承認する「常識」だ。この常識こそ、「常識中の常識」なのだ。

2　**『論語』**は華《チャイナ》の戦国（春秋）期を生きた**孔子**（前551～479）の著作だ。その「孔子に帰れ！」と江戸元禄期に**伊藤仁斎**（1657～1725）は説いた。人間本性「学」をだ。

学問とは、非常に貴く高尚なもので、世間一般のならわしを超越し、人間にそなわる感情から遠く離れ、たいそう高遠で、実行しにくいもの、と考えられてきた。およそ逆である。なぜか。

孔子は「人間（本）性」にもとづいて教えを立てる。あらゆる時代の人、農民や下僕にさえ共通な本性である。誰にでも備わり、おのずから実行可能な本性である。難解で、実行しにくく、高遠な思想は、人間本性とは無縁な、異端邪説である。誰でも、理解でき、実行も容易で、変わることのない、身近な思想こそ孔子の教えなのだ。学問は卑近を嫌ってはならない。むしろ「俗」（ポピュラー）なることが学本来の性格なのだ。思いっきり要約しよう。

「性」とは生まれながら（by nature）の性で、人間本性のことだ。この「性」が動いて「欲」を起こした場合、「情」という。耳がよい音を聞きたいと思ったりすると、情が動く。欲は朱子学では避けられるが、美しい音を聞きたい（欲）、というのは、当然（ナチュラル）で、自然感情であり、少しも否定する必要がない。「心」とは「情」が動くとき、少しの判断が加わったものだ。情（欲）も心（判断）も人間本性を基礎において考えるべきなのだ。人間本性にもとづいて人道を説く、これが『論語』の思想である。

3　同じような人間本性学を説いたのが、先に述べた**デービット・ヒューム**（英1711―76）だ。孔子に遅れること2200年、仁斎に遅れること50年だ。

ヒュームは自説を「新発見」とみなしたが、もちろん先行者がいた。アテネの**エピクロス**（前342／341〜前271／270）であり、ローマ帝国期のギリシア人、**プルタルコス**（46頃〜120頃）である。

ともに「慣習」と「歴史」のなかに人間本性を見いだそうとする「常識」の哲学を展開した。

ただしヒュームは、「世論」という名の「常識」を根本で《ラディカルに》批判する、簡単そうで難しい道《ウェイ》を歩む。ヒュームの歩みは、生きているときも、死後も「勝利」し、イギリスの「伝統」とさえなった。素晴らしい。学びたい。

〈ヒューム哲学の原理はおそろしく急進的《ラジカル》です。しかし、その効用はすごくなだらか《ジェントル》です。人間の本性（human nature）に適っています。より正しくは、本性に添っています。その哲学をテーゼ化してみましょう。

1. 知覚に現れない外界存在（物質）については、哲学は何もいうことができない。
2. 知覚に現れた存在は、「知覚の束」である。この「知覚」は「断片」（瞬間）である。
3. 知覚の断片を集合し、知覚の束に「同一性」を与え、ある秩序をもった存在にするのは、「反復」（繰りかえし同じことが生じる）であり、習慣である。
4. それゆえ、ある「原因」とそれに続くある「結果」の間には「必然性」はない。過去に同じことが繰りかえし起こったから、今度も同じことが起こるという蓋然性があるにすぎない。
5. ある原因から、ある結果が生じるという推論（理性認識）は、すでに過去になった知覚の連合にすぎない。理性はカームパッション（calm passion　熱の冷めた感情）なのだ。

6．人間と人間集団を基本で動かすのはパッションの力（感性）である。反復、習慣、先例、伝統という形で個人と社会を基底で支配している衝動力、無意識と共同の無意識である。

以上を要約すれば、ヒュームの哲学は、

第一に、知覚一元論です。知覚（意識）から独立した存在について語ることは出来ない、知覚に現れたかぎりの現象について語りうるにすぎない。この現象世界の事物（thing）は、知覚（断片）の束にすぎない。

第二に、不可知論です。事物の本質を、事物間の本質関係に同一性、必然性を見いだすことはできない。

第三に、感性論です。欲望の哲学といってもいいでしょう。理性はせいぜい欲望に対してより適切な実現の通路を見いだすことができるにすぎない。〉（拙著『はじめての哲学史講義』ＰＨＰ新書　２００２）

最小限度に縮尺してみたが、ヒューム哲学の三特徴を説明＝読解する手続きだ。

4　読むこと　reading

「読む」とは「本」を読むだけを意味しない。「読解」も同じだ。

4・0▼世界を読む

読むとは、人間世界、人間を超えた世界を読むことである。その上でいおう。「読む」とは、ここで、人間世界・人間を超えた世界を、「本」を読むことを通じて読む、に限定する。

なぜか、人間の世界の大部分、その歴史のほとんど全部は、「本」に書かれているからだ。「歴史」(history)とは、繰り返せば、「記」(書かれたもの)のことである。書かれたもの＝ことばの集合＝「本」を読む、がその本意だ。

4・0・1▼読まずに、読解法を身につけるなんて、出来ない相談だ

1　〈読解〉である。読むのは「本」にかぎらない。でも「本を読む」にかぎる。なぜか？　「着実」かつ「的確」（exact）に「読解」可能だからだ。「着実」とは「一歩」（step by step）であり、「的確」とは「的を射る」（hit the mark）である。どんなに難解な本でも、やり方さえまちがわなければ、ゴールに到達可能だ。なぜか？　「テキスト」は「そこ」に、「動かない」であるからだ。十分に点検でき、「熟読玩味」（read《a book》closely and with appreciation）が可能だ。

2　スマホやPCの画面で、本のような「熟読」ができないわけではない。しかし、最新の技術を駆使することができても、スマホやPC（で読む）に適しているのは、「速読」というか「寸読」である。「的《まと》」（解《かい》）が「瞬時」に分かるという類の情報だ。

たしかに、どんなに大量な情報でも、速読し、寸時に（本が）いわんとしていることが分かる、という人はいる。訓練のたまものという人もいるが、訓練だけでは身につかない、というのが大部分だ。

司馬遼太郎さんは、コーヒーを一杯飲む間に、300頁以上の本を「速読」し、その「精髄」を的確に要約できたそうだ。これはもう「才能」（天分）のゆえとしかいいようが

ない。そういう人に「読解」を説く必要はない。だが、その司馬さんでさえ、少年期から読書に明け暮れ、「学校」はスルーして、中学時代には近くの図書館の蔵書を読み漁《あさ》った結果でもある。「本」が先生であり、「学校」だったのだ。従軍（戦車隊所属）しても、いささかも世界を「読む」ことをやめず、戦後もその延長線上で生きることができた理由だ。

3　ところで「本」は紙でできている必要はない。かつては粘土や木片あるいは竹帛《ちくはく》等に、刻まれ・書かれ、読まれてきた。

現在すでに電子書籍《デジタルブック》図書がさまざまなフォーマット（型式）であっというまに拡大し、PCやスマートホン、あるいは専用タブレットで読まれる。

わたし（1942年生〜）でも、1980年代、ワープロで書き（ハードディスクに全自著作を所蔵し）、辞書はCD-ROM版を使っていた。21世紀に入ると、周辺機器も進化し、「ほん」も電子図書で読む機会が増えたが、まだまだ補助手段に過ぎない。

というのも、電子書籍はそのほとんどが従来の書籍（本）の「写し」（コピー）に過ぎないからだ。ただし大英図書館の蔵書をすべてデジタル化する、それをだれでも利用可能にする計画などは、素晴らしい。日本でも国会図書館の蔵書が、どんどんデジタル化され、それがコピー可能となれば、利用度はどれだけ増えるか分からない。

電子書籍の利点を数え上げたらきりがない。が、残念ながら、まだまだ「読解」する、とくに「穿鑿《せんさく》」（search）したり「熟読玩味」（read《a book》closely and with appreciation）するのに適したものにはなっていない。「俯瞰」し見通すことはできるが、「深掘り」は苦手である。つまり「発展途上」のものだ。

おそらく「紙の本」は、少数を除いて、「新聞」や「書類」と同じように、「電子本」に駆逐されていくだろう。

そして、「読解」に適した電子本の登場は、紙の本に負けない、繰り返し読み取ることが可能な、利便性の高いものとなるだろう。その境目は、利便性の高い「目次」と「索引」の登場だろう。

4　だが、とつけ加えたい。**どんな媒体であれ、「必要」があれば、どんな難解な本でも、読んで解する、それが人間の業《わざ・ごう》である。**逃れられない**ウェイ**（way　方法であり道）だ。つまり**本性**（nature）なのだ。

スマホでしか読むことのできない「稀少」情報なら、グズグズいわずスマホで読むしかない。

国立国会図書館が出しているデジタルライブラリーでしか参照が難しい本（写真＝真

影本）でも、オーケーだ。なんとしても手に入れ、読む。解する。それが人間流（human nature）である。

大学の専門課程は哲学科に進んだ。T主任教授は、カントの第一批判（原書　独）を三度読めば、おのずと卒論のテーマと述べるべきことが現れる、といわれた。

卒論提出まで、1年半だ。テキストは詳しくノートを取りながら、ようやく1回半読めた（？）に過ぎない。とにかく難解なのだ。ドイツ語だけではない。訳本はもっと分かりにくい。だが（だからなのか）テーマも述べるべき内容（約400字詰め40枚）も出てこない。それでも卒論を出さなければ、卒業できず、大学院を受験できない。それで、

3回読んだふりをして、卒論「カント　自由論の根拠」を提出した。ま、情けないが、仕方がないとしか思えなかった。カントは「難解」で、正直なところ、分かったつもりにもなれなかった。

だから、カントの『純粋理性批判』は「読解」不能で、その不能な理由も、当時は、よく分からなかった。じゃあ、その読解は、無駄だったのか？　断じてそうではなかった。

「本」のなかにこそ、「時間」も「空間」もふくめて果てなき無限の「世界」が広がってい

る。極大・極長から極小・極短までの世界だ。「現実」以上に現実らしい世界があるとともに、魑魅魍魎《ちみもうりょう》が跋扈《ばっこ》する「霊界」がある。正真正銘の「仮象」世界だ。これをカントから教えられた。

だから、「言葉」でできあがった「本」にこそ、いまここに・いまだかつてどこにもなかったものを創り出す、真の「創造力」が羽ばたく世界がある。そうやってできあがったのが『聖書』であり『古事記』の世界だ。だから、

そんな世界を読まないで、正真正銘（real）の世界を見たなんていえるの、と思えた。

それから50年である。わたしが安彦良和『イエス』を読んで、ダ・ビンチ「最後の晩餐」を読めた（、と思えた）ことに、少しの不思議さも感じえなかった。

4・0・2▼世界は2つある、否、無数にある

1　広く、もっと広く

「本」を「世界」にたとえ、「本の扉」を開くことで「世界の扉」が開かれる、と述べた哲学者がいた。

トーマス・ホッブズ（英　1588〜1679）で、大航海時代の思想家だ。

彼は、王党派にも共和派にもそれに英国教会にも疑われ（ときに亡命せざるをえなかっ）たが、彼の著書の世界が「面白い」。

主著『リヴァイアサン』第一部第十三章の「見出し」項目を抜粋してみよう。

・平等から不信が生まれる。
・・人間は生まれつき平等である。
・・平等から不信が生じる。
・・不信から戦争が生まれる。
・・社会状態の外では、つねに各人対各人の戦争が生じる。
・・この戦争においては、なにごとも不正ではない。
・・人々を平和に向かわせる情念は、死への恐怖であり、快適な生活に必要なものを求め、勤労によって必要なものを獲得しようという意欲である。

平等から不信が、嫉妬が、戦争が生まれる。こうホッブズは喝破した。とんでもない議論（argument）と思えるだろう。

だがちょっと広いところに目を転じてみよう。20世紀に生まれた、平等システム（共産社会）が不信のシステム、テロのシステムである、を地でいったのがスターリン（社会主義）体制だった。

また、その150年前、「平等」を目指したフランス革命（1789〜99）から「テロ」による独裁が生まれた。

さらに身近に目を向けてみよう。

1990年、崩壊したソ連社会主義より戦後日本はより均質な平等システムを作り上げた。

たしかに、日本には体制批判者を強制収容所や精神病院に直ちに送り込むテロのシステムはない。だが、よき治安の下で「不信」のシステムが陰に陽に活発化していると見て間違いない。

特に、よき治安に守られながら、治安を守る責務を大幅に免除されている「少年」たちの中から、「不信」と集団テロによる「いじめ」や凶悪犯罪が目立つ。いってみれば、すべての人間に平等に存在する（といわれる）「人権」の名の下に、他者の人権をやすやすと侵害する行為が「免責」され「不問」にされているのだ。

17世紀のホッブスは21世紀の日本（人）とけっして無縁ではないのだ。否、人類発生以来の「本性」（nature）と結びつく。「生まれつき」（by nature）とだ。

2　深く、もっと深く

『リヴァイアサン』（リヴァイアサンとは想像上の**「怪物」**で**「国家権力」**を意味する）を読み解くことができれば、福沢諭吉『学問のすゝめ』の解読も容易になる。そればかりではない。家族であればこそ、兄弟姉妹であるからこそ、「なぜ争いが絶えないのか」の理由（理屈）も判然とする。

妹は、「平等」なはずの姉妹なのに、妹はつねに姉の「お下がり」（hand-me-downs）を着なくてはならない。「不平等もはなはだしい」と不平を募らせる。（姉には姉の不平がある。）

妹は姉に「嫉妬」するだけでなく、「不平等」を産み出し放置する両親を許せない。「わたしは差別されている」と。

「平等」こそが争いの「種」であるという好例だ。ただし、平等と嫉妬は「背中合わせ」（表裏一体）であると「読み解する」ことが重要なのだ。

3　読み・解く、この面白さ

ホッブズの議論、「平等から嫉妬が、嫉妬から戦争状態が生まれる。」を、そこで終わらさないためには、「戦争状態を終わらせるためには、国家に至上の権力を委ねることが必要だ。」という議論につなげてみよう。

じゃあホッブズは「国家の独裁」を主張したのか、と問うてみよう。然り、かつ、否だ。ホッブズは「牢獄における平和」を主張したのではない。「国家」権力こそが「平和」を保証するものだ。同時に国家権力のやりたい放題を「防止する手立て」が必要だ、という。何か？

他でもない「憲法」(constitution)だ。国家権力(リヴァイアサン)が野放図に動き回るのをぐるぐる巻きに縛る、太く強いロープで、「法体制」(憲法)だ。それこそが「私権」の自由を保障するという。

4　福沢諭吉『学問のすゝめ』

も書題は異なるが、基本はホッブズの『リヴァイアサン』と同種のことを述べている。

平たくいえば、『学問のすゝめ』は、私(民)権の自由と制限、国権の自由と制限、私権と国権は「憲法」の成立をもってバランスが保たれる、と述べる。事実、諭吉は「日本帝国憲法」(1889)を大歓迎している。

「本」の世界は、「現実」の世界をさまざまに開いてみせる「扉」である。「解読」とはその扉を開く「鍵」のことだ。もちろん、鍵は「ひとつ」とは限らない。ときにはいくつもある。扉が何枚もあるようにだ。じつに面白い。「本」こそ「無尽蔵だ」といっていい。

4・1▼「厚い本」を読まなくてどうする

4・1・0▼根室に高田屋嘉兵衛の銅像があった

1　わたしの次女は、北海道の最東端、根室金比羅神社で結婚式を挙げた。立派な神社だったが、境内を歩くと高田屋嘉兵衛の銅像にであった。これもぎょっとするほどに立派だ。そのはずで、この神社は嘉兵衛が創建したそうだ。

司馬遼太郎の長篇『**菜の花の沖**』（全6巻　文藝春秋　1982）は**高田屋嘉兵衛**を主人公にした時代小説だ。この本を読んで嘉兵衛像に対面するのとそうでないのとでは、まったく異なる、といっていい。（なおこの本の後半部は、ロシア論といっていい。）

高田屋嘉兵衛（1769～1827）は淡路島出身、一代で巨万の富を築いた海商（廻船問屋）であり、幕府公認の政商になって、蝦夷・千島開拓、ロシアとの「交易」等に辣腕を振るった巨人でもある。この人、銅像を見ても短躯《たんく》であることが分かる。

もう一人、一代で巨万の富を築いた短躯の男に、**渋沢栄一**（1840〜1931　現深谷市生

2021年大河ドラマの主人公　2024年に一万円札の肖像）がいる。

嘉兵衛の没後、高田屋は闕所《けっしょ》（家財没収）の憂き目にあうが、渋沢家は「財閥」の一翼を担い、その一族は今日でも各界で活躍している。

2　司馬を一代の流行作家にした作品に、『竜馬がゆく』（全5巻　文藝春秋　1963〜66）がある。

もちろんわたしも大きな影響を受けたが、司馬さんとはまた違った角度から「竜馬」をとらえようとして、『坂本竜馬の野望』（PHP研究所　2009）と『寒がりやの竜馬』（言視舎　2015）という、少し風変わりな竜馬論を2冊書いた。

物書きとしていうのだが、「竜馬」はとても面白い人物だが、竜馬ファンはわんさといるのに、竜馬をテーマにした本は、不思議と売れないのだ。

3　司馬さんが書いた本はみな面白い。読んでためになる。読むと、少し人間が賢くなったような気になる。さまざまな「読解」が可能だからだ（ろう）。

歴史「家」（研究者）を気取った人にとっては、司馬の「歴史」解釈が癪《しゃく》に障《さわ》るようだ。歴史「事実」を「逸脱」した箇所をとらえ、「小説の『限界』だ」などといって、批判し

たつもりでいる。

だが「史料」も「歴史」研究「書」も、「書かれたもの」であり、「小説《フィクション》」であり「読解」(解釈)なのだ。

「読解」のない、不要な「事実」なんて、存在するの、といってみたい。

4・1・1▼「読解、不要!」の本を「読解」する

1　読めばすらすら分かる。「難解」なところはなにもない。そういう本は「読解」不要か？

否、と断じたい。むしろ「難解」といっていい。

「春の小川」　わたしたちが習った「小学校唱歌」である。

一、
春の小川は、さらさら行くよ。
岸のすみれや、れんげの花に、
すがたやさしく、色うつくしく

咲けよ咲けよと、ささやきながら。

二、

春の小川は、さらさら行くよ。
えびやめだかや、小鮒の群れに、
今日も一日ひなたでおよぎ、
遊べ遊べと、ささやきながら。

素直に、そのまま受け入れる（＝感じ取る）だけでわかる、といわれる。はたしてそうだろうか？

2 「食べ物」の「講釈」は好きになれない。「講釈師見てきたような嘘を言い」である。それを承知で、尋ねたい。

1.舞台。この「小川」はどこの小川。
2.「さらさら」流れる、って、「実景」？ それとも「幻想」？
3.「さらさら」というのは流れの「音」であり、すみれやれんげへの「ささやきき」でもあるのね。

4.もちろん、歌う児童に、「咲けよ」「遊べ（よ）」と「ささやいて」もいるのね。
5.作詩は誰？　いつ（頃）のこと？
3　講釈師になりきっていえば、
春の小川は「さらさら行くよ」の対極に、
中原中也（1907〜37）の「一つのメルヘン」に流れるリフレン、「さらさらと、さらさらと流れてゐるのでありました」を置くことができる。
ただし、多くの童話が不気味なように、童謡「春の小川」も十分に不気味だ。

「一つのメルヘン」

秋の夜は、はるかの彼方に、
小石ばかりの、河原があつて、
それに陽は、さらさらと
さらさらと射してゐるのでありました。

陽といつても、まるで硅石か何かのやうで、

非常な個体の粉末のやうで、
されぱこそ、さらさらと
かすかな音を立ててもゐるのでした。

さて小石の上に、今しも一つの蝶がとまり、
淡い、それでゐてくつきりとした
影を落としてゐるのでした。

やがてその蝶がみえなくなると、いつのまにか、
今迄流れてもゐなかつた川床に、水は
さらさらと、さらさらと流れてゐるのでありました……

わたしは「3」も「読解」の一つだと思えるのだが、どうだろうか。

4・1・2▼本格ミステリは「毒」だ。その毒に当たらない手はない

1　わたしは、およそ70歳の定年を挟んで10年余をかけ、『日本人の哲学』（全5巻全10部　言視舎　2012〜17　3500枚余）を書きあげ、上梓した。最終巻（第4部）のあと書きに「幕は閉じられた」と記し、精も根も尽き果てた（と思えた）。大西巨人（1916〜2014）の「閉幕の思想」（『地獄変相奏鳴曲』1988）を実践したつもりでいた。

しかし暑い夏が終わると、床に寝そべり転がりしながら、アマゾンで購入した古本『**黒いトランク**』（1956）を読んでいた。一度も手にしたことのない**鮎川哲也**（1919〜2002）のミステリである。

現代推理小説を開拓したクロフツ（英　1879〜1957）の処女作『**樽**』（1920）と同じクロフツの『フレンチ警部の事件簿』（鉄道ミステリ）が合わさったような、一種独特で超難解な作品で、鉛筆片手にメモを取りながら読んでいったが、一読では、最後まで謎が究明できなかった。

「惚け」で頭が回んないせいじゃなかろうか、と思えた。そうでもあるが、そうではない。

2　長篇20冊と短編集をすべて読み、エッセイ集や探訪・インタビュー記、アンソロジー等を読んでも、飽きがこない作家に（はじめてというわけではないが）出会ったのだ。

こんな名のみぞ知るミステリ作家がいたなんて、と驚嘆である。

詩人で評論家の鮎川信夫（1920～86）がいる。吉本隆明の盟友で、わたしも大きな影響を受けた。同じ鮎川だ。親近感が湧くというものだ。ただし二人とも「謎」だらけの生き方をしたように思える。推理小説研究家の山前譲さんなら、とくとくと語ることができるのではないか？

鮎川『黒いトランク』に比べれば、日本ミステリ史を切り開いた江戸川乱歩『D坂の殺人事件』（1924）、戦後ミステリ史の幕開けを飾った横溝正史『本陣殺人事件』（1947）や高木彬光『刺青殺人事件』（1948）、そして鉄道ミステリの序曲を飾ったと評された松本清張『点と線』（1958）などは、かなり格下に思えてしまう。

エッ、こんな傑作ミステリが日本にもあったの、と「毒」に当たったような感に打たれた。「75歳、まだ死にたくない。」である。

3「難解だから、面白さが尽きない。」これが「小説の世界」ではなかろうか。しかも「作品」はいつまでも、「そこに、そのままある」。

それに、鮎川の作品には、多少とも土地勘のある「場所《トポス》」が出てくる。『点と線』は、『黒いトランク』を読んだとしたら、（おそらく気恥ずかしくて）書けなかったのでは、と思わすようなロケーションが登場する。

とりわけ興味深いのは、『戌神《いぬがみ》はなにを見たか』（1976）である。厚い。舞台が名張で、名張は江戸川乱歩の「生誕」地であり、この作品の発表時、わたしは隣の上野市（現伊賀市）に住んでいた。また大学で哲学科の同期（田畑稔）と後輩（木村倫幸）が生まれた土地でもある。

それにこの作品に登場する「要」の女性は、越美南線（現長良川鉄道）の終点の2つ手前、美濃白鳥から奥に入った僻村に住んでいる。

わたし（鷲田）は、2017年、三重の名張を訪ね、帰途は大垣から富山にローカル線で高山線をたどろうとして、美濃太田（駅）を見つけ、長良川鉄道をたどる可能性を探るため、太田で途中下車して探したが、残念ながら、プラス1日を要することが分かり、断念。

そうそう蛇足に近いが、美濃白鳥の奥の石徹白《いとしろ》は、かの鮎川信夫の父の出身地で、敗戦前後、信夫が一時療養生活を送ったところとして知られている。さらに信夫の母も、隣接する大野（藩）藩医の孫だ。この美濃から越前へ抜ける道は、泉鏡花『高野聖』の舞台ではなかったか？　たしか「鷲田」姓が住んでいるはずだ。……

4　それにだ、わがミステリ作家鮎川は、「一時」（1990〜）広島町（現北広島市）に住んだことがある。わたしが30年余住まいをもった夕張郡長沼町の隣である。

そうそう、鮎川哲也は、トラベルミステリ作家、津村秀介や西村京太郎の生みの親でもある、と考えると、TV番組で垂れ流される（が、ほとんど見ている）彼らのサスペンスものも、ちょっと違った味に見えてしまうから面白い。

以上も「読解」の類というか、副産物だ。人生模様に綾をつける。

4・1・3▼なぜ『戦争と平和』は面白くないか？

1　「長い」、長すぎる？

ロシア語は、その歴史は、そこの登場する人物の名が分かり（憶え）にくい。これは日本人には仕方ない。

匿名、ペン（？）ネームである革命家、トロツキー、レーニンやスターリンなら、とても身近だが、**トルストイ『戦争と平和』**（1863〜69）のような超長編で登場人物がてんこ盛りの作品となると、そうはゆかない。ところが、同じ長篇といっても、**ショーロホフ『静かなるドン』**（1928〜40）は主役がはっきりしており、するすると読めたのだ。

たしかに描かれた「時代」の複雑・微妙さが異なる。とはいえ両作品はともに戦争期、すなわち「転換期」を描いている。トルストイがロシアの青年貴族を中心においてナポレオン戦争期を描こうとしたのに対し、ショーロホフがロシア社会主義革命期を描こうとした時代の違いにもよる。

2「映画」も、ヘップバーンが主演したのに、最後まで観続けることができなかった。ところが『静かなるドン』は「三番館」(封切・二番・三番館)の固い椅子の上に、出てくる俳優もまったく分からずに、6時間近く座り続けたのに、少しも退屈しなかったのだ。

なぜなのか? 非常に単純に答えてしまえば、一方が「万華鏡」であり、一方が一枚の鏡の「表と裏」だからだ、といっていい。もう少し的確にいえば、読者(鷲田)が求めているものが違ったからだ。

国難という点に的を絞れば、2作品は同じだ。

『戦争と平和』は帝政ロシア軍が圧倒的なナポレオン軍に包囲され、敗北必至な危機を切り抜ける作品だ。対して『ドン』はロシア革命の混乱期、革命側と反革命側とが、国内・国外ともあい交錯するが、結局、ドン川の流れのように革命派が「必然的」に勝利し、主人公が革命派に転じるという点で、2つの作品に大きな違いはない、と思える。

しかし帝政期の物語と社会主義革命期の物語とでは、敗戦後日本の読者（鷲田）に与える衝撃はかなり違う。当時（学生時代＝1960年代）、ロシアは第一次世界大戦に敗北し、帝政＝皇政が倒れた。だが革命派の指導者（レーニン等）は祖国ロシアを戦争に巻き込み、敗北させ、帝政を倒した、という見地に立っていなかった。

3 「長尺」ものは「嫌い」ではない。むしろ「好き」だ。

滝沢馬琴『南総里見八犬伝』（1814〜42）を現代語訳で読んだ。「格別」に面白かった。超弩級の長篇だ。だが読み切り（181回）で、毎回（週刊誌連載ものと同じように）、山があり、主人公や脇役が入れ替わり、筋も舞台もめまぐるしく回転する。

この小説、**『三国志演義』**や**北方謙三『三国志』**（全13巻）のスケールには負けるが、スケールが小さくガンガン小回りに移動するスピード感がまた面白い。さすがに書いて（稿料のみで）生活する初めてのプロ作家の手になるものだ。評判が立ち、読者が増えなければプロとはいえない。こう思えた。

だがこれをディスカバー・イン「関八州」の「名所・旧跡」案内として読むと、面白さが倍増する。当時、絶頂期にあった**十返舎一九『東海道中膝栗毛』**（1802〜09）の骨法《スタイル》を借りたに違いない。

品革（品川）、豊島、煉馬（練馬）、司馬浜（芝浜）などという地名を聞くだけでも、江戸っ子ならずとも、昭和・平成・令和と続くわたしたちの胸が騒ぐのではないだろうか。

つまりは読者の「心持ち」で、おもしろくもなればつまらなくもなる、これが「読解」の妙である。

4・2▼ノンフィクションもフィクションだ

4・2・0▼固い本

1　学術書、とりわけ専門家向けの哲学書や素粒子論などは、固くて浮世離《げんじつ》れして、無味乾燥、面白くない。読むと頭が痛くなるだけだ。開くだに時間が惜しい。そう思われるかも知れない。ま、そうかも知れないが、そうでもないのだ。

とっつきにくいと思える「本」やテーマでも、「自分の関心」に思いっきり引きつけてみることを奨めたい。もちろん関心が「卑俗」でもいい。むしろ身近の方がいい。それも、「アレ?・」という疑問符付きの興味なら、なおいい。

2　一見して「学術」ぽくみえるが、中味は「ざっくり」（roughly）しており、まるでエッセイかなにかのように思える「本」がある。同業者にはけちょんけちょんに批判されてきた。「雑だ」、「妄想だ」、「証拠を出せ」、「素人っぽい」、……。好例がある。**梅棹忠夫『文明の生態史観序説』**（1957）である。だがこの「序説」、中味がすごい。「世界」の見方が根本でひっくり返るような「説」なのだ。梅棹については、4・2・2で述べる。

4・2・1▼プルーム・テクトニクスを知っているか？

「プルーム」（plume）とは「地球深部に生じると考えられている上昇流（mantle plume）」のこと。

1　なぜあなたは東京に住むの？　人がニューヨークに住むのは大地震がないからなの？「地震・雷・火事・親父」は、いまでも「オヤジ」を除けば十分「怖い」。いや十二分にだ。なぜか？　「想定外」だからだ。なにあらかじめ「想定」し、十二分に準備していれば、防ぐことができる、という人がいる。本気かしら？　他人事だからいえる、の類だ。地震を防ぐだって？　地震が起きるのを防ぐことはできるの？　地震の発生を防ぐ技術は、まだまだ開発されていない。開発されるころには、地球が消滅している、と想定できるほどの困難さがある。（ま、素人のわたしの想定だが。ですが、これは素人のわたしでも想定できる。）なぜか？

2　プレート・テクトニクス

「日本列島の下にある太平洋プレートは、年平均10センチ沈み込んでいる。これが地殻変動ひいては地震を引き起こす原因だ。」

こういう言葉を聞いたことがあるだろうか？

地球の「表層」（板＝プレート）が動く、これが地震の原因である、という理解（想定）が定着したのは、じつはひどく昔のことではない。1960年代後半からいわれはじめ、いまでは、猫も杓子《しやくし》もいうようになった。

3　プレート・テクトニクスは、地球科学（地学）の研究史上、革命的な事件であり、科学革命の質レベルではコペルニクス的転回に匹敵する（上田誠也『新しい地球観』1971）とまでいわれた。

しかしきわめて単純明快（＝幾何学的）でかつ個別「変動」（地震等）の説明等に「有効」と思えるこの理論には、自明とも思える、2つの難点があった。

①プレート・テクトニクスは、半径6400キロメータの地球の表層（固定表面と上部マントル部分＝約100キロメータ）の変動、主として物質の水平移動を説明できるにすぎない。（といっても、すごい・素晴らしい「発見」だが。）

②そのプレートの変動はいかにして生まれるかのメカニズムは、不明なままだ。したがって、プレート理論を修正しかつ包括する、地球の三層構造（プレート・マントル・核）の変動と地球の全歴史を解明する理論（仮説）、プルーム・テクトニクス論が提唱され、研究・実証の途についた。1990年代、日本の地球学者によってだ。これがすごい。

4　プルーム・テクトニクスを聞き、（関連の本を）開き、知って、東京には大地震が起こるが、ニュヨークには起きない。こういえるだろうか？　東京は「砂上」に、ニュヨークは「岩盤上」に乗っかっているもんね、などと軽く答えることができるだろうか？（わたしならできる。）でも、誰も・ほとんどの人は東京を逃げ出さないいね。（わたしなら住まない・住んでいない。可能なら、東京は魅力的だから、住みたかった・いまでも住みたいが。）

5　あなたはプルーム・テクトニクスを知りたくないか？

ぜひ**熊澤峰夫・丸山茂徳**共編『**プルームテクトニクスと全地球史解読**』(岩波書店 2002)を手に取ることを奨めたい。

ノンフィクション(学術研究書)でバカでかく厚く、多少かみ砕くのに苦労するが、「小説」より面白い本だ。地球の発生や年齢もわかり、地球を「生物《いきもの》」史としてつかむ視点もえることができる。

6 それにプルーム・テクトニクスの推進者、**丸山茂徳**(1949〜)がとっても面白い。まだガンガン活躍中だ。

この人、地球温暖化に対する徹底した懐疑派でもある。『地球温暖化対策が日本を滅ぼす』(PHP研究所 2008)等、過激である。一芸に秀でた国際的な学者がカゲキだなんて、いいじゃない、好きだ。

4・2・2▼梅棹忠夫『文明の生態史観』がすごかった

1 日本人で物理学や医学の部門、ざっくりいうと、理系でノーベル賞を受賞した人はいる。湯川秀樹をはじめたくさんいる。文学部門でもいる。だが社会科学(法・歴史・社会学等)の分野では皆無だ。じゃあ、日本に社会科学分野でノーベル賞を受賞する程度の人はいないのか、というと、いるのだ。

まず指を折ることができるのが、**梅棹忠夫**（1920〜2010）だ。

梅棹は3つの部門でノーベル賞級の「発明」をしている。①文明の生態史観（文化人類学）、②情報産業論、③「知的生産の技術」論によってだ。さらにもう1つ加えると、④国立民族博物館（大学院大学＝研究機関）創設がある。
2　わたしはノーベル賞受賞云々を特筆大書したいわけではない。日本だけでなく、世界大に重要な「発明」であるといいたいのだ。
えっ、②情報産業論は、**フリッツ・マッハルプ**『**知識産業**』（1962）やポスト産業社会論を展開した**ダニエル・ベル**の「発明」ではないのかと思われるだろう。だが梅棹がトップランナー、すくなくともそのひとりなのだ。
③は何のことかと思われるだろう。梅棹は『**モゴール探検記**』（1956）にはじまるフィールドワークの記録（文学）の成果を、1冊の本にまとめた。『**知的生産の技術**』（岩波新書　1969）で、知識は技術化可能である、と述べたのだ。約言しよう。
知識は言葉から組み上がっている。言葉を技術化し、正しく操作すれば、誰にでもわかるように伝えることができる。まさにコンピュータ（電子計算機）が可能にする情報（記

号）・知識生産論を展開したのだ。

しかも梅棹自身は、コンピュータを使わずに、まったくの手製《ハンド・メイド》によってだ。わたしがPCで考え、書き、情報を蓄積する等々に踏み込むきっかけとなった。

3　①について、1つだけ特記したい。

日本の近代化の遅れは、長く（戦いの絶えなかった）「封建制」が続いたからだ。これが「定説」だった。「封建性」は暗く貧しい。

だが事実は「逆」で、西欧と日本は並行進化してきた。ともに「封建制」があったからだ。華《チャイナ》には封建制がなかった（根づかなかった）。つまり近代文明が自生しなかった理由である。

こう梅棹は『**文明の生態史観序説**』（1957）で主張し、袋だたきにあった。が、めげていない。

逆に時間はかかったが、「定説」という名の「妄説」を一蹴してしまう。（わたしの推察するところ、司馬遼太郎が信長を頂点とした封建社会を生き生きと描くことができたのは、梅棹の「影響」である。）

事実、蒙古（モンゴル・華）襲来を退けた、西欧と日本「封建」だけが近代化に成功したではないか。

4　「国立民族博物館」とは、世界の知と文明を収集する情報センターであり、研究機関である。

梅棹は、自分の研究成果を収集・整理することも怠らなかった。『**梅棹忠夫著作集**』（全22巻　中央公論社）と詳細な著作目録を残した。そのすべて（＝「本」）が、だれもが・読んで分かる、つまりは読解可能な「文」でできあがっている。

4・2・3▼南部陽一郎を知っているか？

少々、私事にわたることからはじめる。場違いとも思える「テーマ」に対面するからだ。それもすでに拙著『日本人の哲学　Ⅳ　6自然の哲学』（言視舎　2017）で述べた、再論である。

なんのためか？　**理論物理学の超難問「読解」に、まったくの素人（鷲田）が挑もうという読解「実験」**だからだ。

つまるところ、自分（鷲田）の関心、個人史・仕事・趣味・未来そして世界観等に引きつけ、絞り込んで、最前線の異領域問題を「読解」するケースを示してみたいのだ。

0　ガモフ『物理学の伝記』

1962年、2浪してようやく大学（文学部）に入った「記念」として、G・ガモフ（1904〜68）の『物理の伝記』（1962　ガモフ全集10〔原著1961〕）を買った。「ご褒美」ではなく、一種の「罰」の意味を持った。ただしこの物理の本は、「素人」でも楽しく読めるという「宣伝」であった。

もっともう少し「高い」関心があった。およそ3つである。

1　大阪大学の俊英は「物理」（理学部）に集まる、

2　その物理に「ものすごいひと」、アインシュタインを超える（と豪語する）内山龍雄（教授　1916〜1990）がいる、

3　ノーベル物理学賞をとった湯川秀樹と朝永振一郎という物理学者二人を「合算」するほどの仕事をする「大天才」南部陽一郎が、大阪市大（物理）からアメリカに頭脳流出（1952）した、

ということで、どれも「伝聞」だった。

そのガモフの物理学の「伝記」の最終節から2つまえ、「メソンとハイペロン」に、こ

う ある。

「一九三〇年代の初期には、物理学者たちは幸福だった。物質はほんの数種の粒子からなっていた。陽子と中性子が原子核をつくり、そのまわりを電子がとびまわり、そしてニュートリノが当時の問題児だった。ところが一九三二年に日本の物理学者ヒデキ・ユカワ（湯川秀樹）によって1つの粒子が提出され、核内の引力の本性に取り組んでいたすべての人の頭をなやました。ユカワは、核力は陽子と中性子のあいだでたえず交換されている1つの新粒子によるものだと唱えた。」

ユカワ（湯川秀樹）による新粒子メソン（中間子）の「誕生」だ。ところが、このメソンが増え続け、物理学者を混乱に陥れつづけた。

また最終節の一つまえに「鏡の中の世界」がある。

「通常の物理学では、従来は、鏡映対称の原理（〝パリティの原理〟と呼ばれるもの）がつねにみたされており、どんな物理現象に対しても、その鏡像に相当するもう1つの現像が存在した。ところが一九五六年に2人の中国出のアメリカの若い物理学者チェン・ニン・ヤンとツン・ダオ・リーが、理論的考察にもとづいて、このことは素粒子の場合にはなりたたないかもしれないと唱えた。」

ヤン（Yung）とリー（Lee）の「弱い相互作用におけるパリティ対称性の破れ」で、2人は、翌年、この研究でノーベル物理学賞をえた。ところが、である。

〈ヤンとミルズの理論発表の直後に内山龍雄は、重力の理論である一般相対論も一種のゲージ理論であることを示した。今日知られている素粒子の相互作用の理論、すなわち電磁相互作用と弱い相互作用の統一理論であるワインバーグ－サラムの理論（WS理論）も、クォークの力学である量子力学《いろ》（QCD）もすべてゲージ理論である。〔益川敏英〕〉（日本大百科全書）

内山は、すでに研究発表はおえていたが、すぐ論文発表することを怠った。結果、プライオリティを逸し、ノーベル賞を逃した（そうだ）。日本物理学会の主流（湯川学派）のプレッシャーがあった（からだ）、と記している（内山龍雄『物理学はどこまで進んだか』岩波書店1983）。

50年余前の、雑駁《ルース》な懐古談ではない。哲学でもっとも古く、物理学で最新の根本問題とにかかわるからだ。

1　素粒子論の展望

南部陽一郎は、すぐれた物理学者にして、優秀なストーリテラーだ。なんとか素人でもある程度ついてはゆける。

1．物質の「哲学的概念」とは？

1　「存在とは何か？」

現代唯物論哲学は述べる。「あの古くから、いまなお、また常に永遠に問い求められており、また常に難問に逢着するところの『存在《オン》とは何か？』という問題は、帰するところ、『実体《ウーシアー》とは何か？』である。」（アリストテレス『形而上学』）という課題を受け継ぎ、「アリストテレス的な言葉でいえば、哲学とともに永遠な存在の研究を、しかし厳密には運動する物質の探求を、もはや諸科学の上に立つものとしてではなく、諸科学と一つ《アインファッハ》になっておこない、その本質・法則を究明することを根本課題としている。」（岩崎允胤《ちかつぐ》「物質の哲学的概念と自然の論理」岩波講座『哲学６』１９６８）と。

岩崎は強調する。「意識から独立な存在としての物質概念が、哲学の根本的な端緒的なカテゴリー」である。この「物質の哲学的概念」と「自然科学的概念」を混同してはならない。後者の認識は前者を「根本前提」として「深化」する、と。これは、だれの耳にも、物質＝物理学（physical）概念は、哲学（meta-physical）概念を基本前提にする、と聞こえないだろうか？

2　だが、別な流れがある。

「存在者であるかぎりでの存在者を研究し、またこれに本質的に属する事がらをも研究する一つの学問がある。この学問は、いわゆる特殊的な諸学のいずれとも同じではない。というのも、他の諸学問はいずれも、存在者であるかぎりでの存在者を全体として考察したりはせず、ただそのある部分を抽出し、これについて、それに付帯する属性を研究するだけだからである。」（アリストテレス『形而上学』）

このアリストテレスの問題意識のもとに、「存在」（Sein）と「存在者」（Seiende）を区別し、哲学は「存在」＝不可分＝普遍を、諸科学は「存在者」＝可分＝可変を探求する、とみなすハイデガー流の存在論哲学の流れだ。

この「メタフィジック」を主張する存在論哲学と、先の唯物論哲学は、五十歩百歩なのか？

3　日本の近代物理学を切り拓いた長岡半太郎（1865〜1950）の土星型原子核モデル（1903）は、「哲学」ではないのか？　物理学の認識を「深化」（あるいは「錯誤」に導いた）「仮説」だが、あきらかに自然科学的概念ではない（ことが判明している）。

では、長岡が推薦し、のちにノーベル賞をえた、湯川秀樹の「中間子理論」（1935）はどうか？

原子には、素粒子である陽子《プロトン》と中性子《ニュートロン》とのあいだに働く核力がある。それ自身素粒子でもある粒子で、湯川は仮説を立て、これを「中間子」（パイ中間子）と名づけた。

南部が評するように、日本の物理学会誌で発表され、英語で書かれていたにもかかわらず、湯川論は、そのご2年間余、ほとんど評価されなかった。「新しい粒子の存在を予測する湯川の理論は非常に大胆なもので、『ものごとを説明するのに、不必要に仮定を積み重ねてはならない』という原則に反するものだった。」（南部『素粒子の発展』11）と論断されるにいたる。

だが、37年、湯川が予言した粒子に「ほぼ」適合する質量の素粒子が宇宙線のなかで「発見」された。湯川の中間子論が、のちにノーベル賞（1949）に輝く因となった。

じゃあ、湯川の中間子は自然科学概念か？　たしかにパラダイムシフト（「科学」革命）

をもたらした観念（idea　発想）である。しかし、湯川中間子論の延長上に坂田昌一が主張した「物質の階層的構造」（分子‐原子‐原子核‐素粒子の諸関係）は、湯川中間子論の延長＝深化であるとともに、多数の中間子（meson）を予想する、したがって、湯川中間子論の肝心要であるパイ中間子は素粒子ではない、という意味を含んでいた。「肯定されつつ否定された」のだ。

湯川中間子＝パイ中間子は、素粒子ではない。そればかりか、中間子が次から次に発見された。湯川は、中間子《メソン》が2個あるいは3個のクォークからなることに拒否反応を示す。これを有り体にいえば、湯川の中間子論（メタフィジック＝仮説）は、素粒子研究の導火線になっただけではなく、素粒子研究を阻止する保守反動役を担ったことを意味する。（南部は、長岡が、のちに、保守的立場に立って、日本物理学の阻害因になった、と書いている。同じことは湯川にもいえるのだ。）

湯川理論・スクールが、後続の内山龍雄、あるいは南部陽一郎の独創的な研究にストレスをかけた（ことは疑いえない）。再度いえば、湯川の中間子論は、物理学を、とりわけ素粒子論を推進する発火点になった。と同時に、物理学を（一時的にせよ）押しとどめる役割を担うことになった。これを科学（＝哲学）の「功罪」というような意味ではなく、認識の深化が必然的に内包する矛盾である、という意味に解したい。とはいえ、この必然の矛盾の外に、哲学も、ましてや科学もあるわけではない。ましてや哲学を普遍・永遠・全体の領域に、科学を特殊・有限・部分の領域に閉じ込めてすむ問題ではない。

2. 素粒子論

南部は、アインシュタインやポール・ディラックにつながる、真に独創的な物理学者のひとりだ。同時に、ガモフにもつながる、物理学の歴史を、それ自体（主体）としても、個体（自分史）としても正確にたどり記述しようとする、哲学をもった科学者である。

1　興味深いのは、内山『物理学はどこまで進んだか――相対論からゲージ論へ――』（1983）と南部『クォーク――素粒子物理の最前線』（1981）とが、その書題と副題が、ともに物理・学史と個人研究・史を背中合わせのように重ね合わせていることだ。

事実、南部の論文集『素粒子論の発展』は、「回顧」と「展望」であり、その2つの間をつなぐ「経路」である。おのずと日本の物理を創った人々の紹介になっている。もちろん、南部の「自伝」（個人史）でもある。

南部は、素粒子論が「湯川＝**理論**」と「E・ローレンス＝**実験**」という物理の基本要素からはじまった、と執拗なくらいなんども前置きする。ここでも日本は、最前線を進んだ。

1つは、理論成果だ。日本の素粒子論研究は、世界物理学の画期をなし、湯川の研究をはるかにのりこえ、内山や南部の理論形成へと導かれ、世界《グローバル》理論物理学の標準《スタンダード》をリードしてきた。

もう1つは、実験成果で、クック（筑波の「高エネルギー加速器研究機構」）やカミオカンデ（岐阜県神岡鉱山地下の宇宙線検出装置）の巨大実験設備とその擁するスタッフが、世界物理の最前線にあることだ。

南部の観るところ、まさに日本素粒子論は、湯川とローレンスの仕事に端を発し、それを発展させ、素粒子論を大きく発展させる駆動力になってきたのだ。
2　南部『クォーク』は、素粒子論がもはや「パラダイム」だから、問う必要もないとされる、もっとも**初歩的な問題**から説き起こしている。**標準教科書**であると同時に、パラダイムシフトをうながす、**高等専門書**の内容で満たされている（と、高等物理学も知らないわたし鷲田が書く）。
第1に確認すべきは、南部がアリストテレス以来、自然学（physics）および哲学（meta-physics）の「根本問題」とされてきた議論を、きちんと踏まえていることだ。

1．「素粒子」（＝「基本粒子」elementary particle）は存在するのか？

2．基本粒子が存在するとして、それはいかなるものか？

南部は、この2つの問題を区別すべきだという。この問題設定は、哲学の、そしてもちろん科学の基本問題につながる。どういうことか？

3．基本粒子は存在する

(1)これは、たとえば「ニュートリノ」のように、実験結果で検出され、その質量も明らかにされているように、疑いえない。

(2)しかし「クォーク」は、「現在『基本粒子』だと考えられている粒子のなかの一つで、未だ仮想の域を完全には脱していない種類のものである。」

(3)とはいえクォークは、「現在知られている現象の中でこの仮説で説明できないものはないから、これは少し慎重を期した控えめの表現に過ぎない。ただ原子や原子核や電子のように、その存在をだれも絶対に疑わないという段階には達していないのである。」（『クォーク』）

(4)つまり基本粒子には、電子や陽子、ニュートリノのようにすでに知られ、「検出」されたものがある。だが、検出されていない・未知の基本粒子がある。クォークだ。しかもだ。

「陽子はまさにクォーク3個からなる複合粒子で、クォーク理論はもともと陽子を複合粒子とみなす考え方に基づいて導入されたものである。」

(5)えっ、と思うかも知れない。「陽子」は基本粒子なのに、クォーク3個からなる複合粒子なのか？　これは基本粒子の「概念」に反するのではないか!?

クォークは仮説である。じゃあ、クォークからなる陽子（proton）や電子（electron ＝ β 粒子）も仮説ではないのか？　そうではない。陽子や電子は単独で取り出（検出）し、その電荷（electric charge　電気の量）を測ることができる。ところが、である。

(6)「クォークを一個、物質の中からとりだして、その性質を確認することができないのである。」

つまり、陽子は不可分離なクォーク3個、電子はクォーク2個からなる、基本粒子である（と仮定せざるをえない）。

(7)クォークは素粒子論的には「未知」である。だが「現在」（南部も確証した）、質量差（小から大）に応じて、3世代（＝家族）6種あり、それぞれは、電荷が対（正と負）になっている。南部は、第4世代のクォークを「予見」不可能ではないが、実験的に（理論的にも）、現在以上のサイクトロン（加速器）建設が、技術的にほぼ不可能に近いから、非常に難しい、と述べる。

どういう意味か？

4．物理学の進化

(1)『クォーク』（第1版）や1985年の「仁科記念講演」会（『素粒子論の発展』）で、南部は、トップクォークは「非常に重い」ので、現在の加速器では「作り」（検出し）にくい、と述べた。だが南部も記すように、1994年（「やっと」）、フェルミ国立《ラ》加速器研究《ボ》所（5000億電子ボルト）が検出した（『クォーク』第2版）。もっとも加速器の高度化は、「限界」に近づいていることも事実だ。

(2)素粒子論は、1930年代、湯川（理論）とローレンス（実験）からはじまった。ローレンスは、サイクロトン（大加速器）を使って、粒子を加速してそのエネルギーを拡大し、ある標的にぶつけ、どういう反応が生じるか、を調べた。素粒子を人工的に取り出す画期的方法だ。

ローレンスが発明したサイクロトンは100万電子ボルト程度で、ちょうど原子核を壊す（陽子と中性子をとりだす）ために必要なエネルギーだった。（ちなみに、原子炉で生まれる原子核を加速器で破壊し、「陽子＋中性子＋ニュートリノ」を取り出す実験に成功できたのも、サイクロトンによった。宇宙線（自然界）からニュートリノを観測できたのは、ずっと後のことだ。）

⑶だが、さらに強調しなければならないことがある。

たとえ素粒子が完全に検出され解明されたからといって、物質の、さらには自然の、ましてや全自然の「秘密」が明らかになる、ということにはならない。南部が（言外に、いつでも・どこでも）主張する、最大のポイントだ。

比喩的にいえば、1つの解明は、新しい無数の未解明を生むという、科学の、とりわけ南部に特有の、物理学に対する、また、生き方に通じる思考（＝読解）方法だ。

超高速加速器の建設は、粒子と粒子を衝突させ、その反応（相互作用）を測定することを可能にしたが、多様かつ複雑な相互作用の新物理世界がはじまるゴングを鳴らすことでもある。

南部は、生存中、そのゴングを鳴らし続け、みずからも、リングに立って奮戦することをやめなかった。そのリングの一つが「対称性の自発的破れ」（ＳＳＢ＝spontaneous symmetry breaking）である。

２　対称性の自発的破れ

南部陽一郎は、２００８年、「対称性の自発的破れ」でノーベル物理学賞をえた。授賞式には出席せず、受賞記念講演「私のたどった道——対称性の自発的破れまで」という短文を書いた。その飾りの部分を省略して、ほぼ全部（邦訳）をここに引く。

「物理学は一つの統一された学問です。しかし、それはいろいろな分野をもっております。その一つは物質の基本的な構成要素とそれらを支配する法則を研究します。素粒子物理学は、その最も基本のレヴェルにあります。

もうひとつの分野は物質の集合の性質に関わり、われわれにより親しいものです。物性物理は、その代表です。

物性物理には、要素がたくさん集まったときの特別な法則があります。対称性の自発的な破れ（Spontaneous Symmetory Breaking）はその一つであります。これを手短にＳＳＢと呼びましょう。

ＳＳＢは、いわば要素のあいだの群集心理から起こります。12月7日の記者会見のとき一つの喩えを思いつきました。それをもう一度お話しします。

広場に大勢の人が集まったとします。どちらの向きにも特に面白いものはありません。一人ひとりは、勝手な向きを向いてもよいのです。しかし、一人がある特別な向きに何かを見つけ、他の人々はそれぞれ隣の人の向いている方に向くということも、起こり得るわけです。そんな場合には、特別な向きはないとは言えません。好奇心に満ちた人がいて、頭の向きを少し変えると、隣の人もつられて頭を回し、これは波となって広がるでしょう。物理では、あらゆる向きが同等であることを対称性とよびます。実際の世界は対称性が自発的に破れた状態にあります。好奇心の波はＮＧ波（南部 - Goldstone 波）とよばれます。原子よりももっと小さい世界で起こるときにはＮＧ粒子とよばれます。

わたしは物理学を東京大学で一九四〇年代の初期に学びました。そして、素粒子物理学の基礎の解明に寄与した二人の偉大な物理学者の名声によって素粒子物理学に惹きつけられました。その一人は湯川秀樹です。彼は陽子と中性子をくっつけて種々の原子核をつくる糊の役をする新粒子の存在を予言をしました。もう一人は朝永振一郎です。彼は、これも素粒子物理学の礎石となる理論を展開しました。二人は後にノーベル賞を授けられました。

これらの教授たちは、私の大学にいたのではありません。しかし、やがて私は彼らのサークルに入ることができました。他方、私の大学は物性物理学に強かったのです。後になって考えますと、初期に物性物理学を学んだことは有益だったと思います。

私は一九五二年に朝永教授の御推薦を得てアメリカにまいり、結局シカゴ大学に落ち着きました。幸いなことに、ここはEnnrico Fermi, Gregor Wentzel, Maria Geoppert Mayer, Harold Urey〔フェルミ、G・ウエンツェル、M・G・メイヤー、H・ユーリ〕など偉大な人々がいて、諸分野の話し合いのためにすばらしい環境がありました。

SSBについての私の考えは、一九五七年にわれわれの隣のイリノイ大学で展開された超伝導のBCS理論〔J. Bardeen, L. N. Cooper, J. R. Schrieffer の3人が1957年に提唱した超伝導の理論〕を理解しようという努力のなかから生まれました。その理論には物理の法則が要求するある種の対称性が欠けており、その欠落を理解するのに二年かかりました。その答えがいまでいうSSBだったのです。私は、すぐ気づいたのですが、これには多くの身近な例が昔から知られていました。結晶とか磁石とかです。しかし、SSBは一般的な法則とは思われていませんでした。私は、素粒子物理への応用に思い当たりました。

素粒子物理学の神秘な謎の一つは、なぜいろいろの素粒子がそれぞれちがった質量をもっているのか、です。素粒子物理学によれば、質量はカイラリティ〔掌性＝〈左右の手のように、あるいは実像と鏡像のように、形は似ているが重ならない性質。キラリティー〉広辞苑〕という対称性を破ります。もしもカイラリティが自然の真の対称性であったら、すべての素粒子の質量は0になります。私は、陽子とか中性子の質量は現実の世界でカイラリティのSSBが起こっていることによると提案したのです。SSB波はNG波が存在することから起こっているのですが、このNG波こそ湯川が提案した粒子なのです。

今日では、SSBは、物理の基本法則は多くの対称性をもっているのに現実世界はなぜこれほど複雑なのか、を理解するための鍵となっています。基本法則は単純ですが、世界は退屈ではない、なんと理想的な組み合わせではありませんか。〉(『素粒子論の展開』2－4)

〔〕は引用者の注。)

南部は淡々と語っている。が、現実世界と物理の基本法則との関係をじつに見事に語っているではないか。ただ1つだけコメントすれば、SSBの「解明」(仮説)とノーベル賞受賞のあいだには、じつに60年近い日時が挟まっているのだ。その間も、南部は偉大な物理学者と同じように、パラダイムシフトのために、研鑽＝進展をやめていない。

3　素粒子から宇宙論まで

1.南部の学的関心は、素粒子（最小単位）から宇宙（全体）まで、広がっている。すべての考察は、南部の関心と目《センス》に導かれ、理論（モデル）と実証（実験）の往復（試行錯誤）を欠かさず、最終的にはだれによっても反復・確証可能な「方式」（formula）、とりわけ数式（numerical formula）で表そうとした。あるいは、数式に魅了されて、仮説を構築しようとした。

2.南部陽一郎の仕事を概観した記述（辞典）がある。

〈（１９２１─　）理論物理学者。１９４２年（昭和17）東京帝国大学理学部物理学科卒業。兵役に服したのち、東京大学の副手、やがて新設の大阪市立大学に移り、50年教授。52年アメリカに渡り、プリンストン高級研究所、ついでシカゴ大学の研究員、58年同大学教授、70年には市民権を取得し、71年より特任教授となった。91年（平成3）以降名誉教授。

研究活動の初期には、[1]朝永振一郎のくりこみ理論形成期に量子電磁力学の諸問題を扱い、大阪市立大の時期には、[2]奇妙な粒子の対発生の考えを提唱、[3]また素粒子の質量スペクトルの経験則（南部の法則）を与えた。渡米後は、分散理論による中間子物理学の解析を行い、核子の構造因子の研究に関連してω（オメガ）中間子の存在を推論した。１９６０年代、[4]超伝導のＢＣＳ理論のゲージ不変性の研究から、[5]素粒子の力学模型と対称性の自発的破れ、[6]および南部‐ゴールドストン・ボゾンの導入へと進み、[7]弱い相互作用における擬ベクトルカレントの模型を提案して色量子数を導入、量子色力学の先駆となる。[8]その後の研究は、内部構造をもつ素粒子の相対論的取扱いであり、いわゆる「ひも」の模型の形成である。多彩な研究と独創性によって知られ、現代理論物理学界の指導的メンバーの一人。78年（昭和53）文化勲章を受章。〔藤村淳〕〉（日本大百科全書）

ちなみに[1]~[8]まで区切ったが、むしろ[8]１９７０年以降、次々と、研究成果が評価されるようになり、指導メンバーになったのだ。

3.超物理学理論（?）

そんな南部は前進をやめない。

『クォーク』第二版（２００８）の最終章で、ポスト物理学理論を展望する。じつに面白い構想だ。南部が試みてきたパラダイムシフトをシフトする、自己否定であると同時に、現代物理学を高次復活させる試みだ。こんなところに、若いときうけた、坂田昌一＝武谷三男流の弁証法＝三段階論の影響が色濃く見受けられて、興味深い。
南部が展望する超《ポスト》物理学理論とはどんなものか？
1)超対称性
大統一理論は、相対性論のかなめで、（内山がめざしたのがアインシュタインの相対性論をも包摂する）３つの力のゲージ場を統一する理論である。だから、ゲージ場と基本粒子の場を統一することができれば、「統一」の概念がいっそう広がる。

ただし、超対称性は、数学的な考察（群論）から導かれたものだ（にすぎない）。数学的な性質の美しさに魅了されてだ。「数学的にエレガントで美しい理論を自然が採用しないはずがない。」（ディラック　１９０２〜１９８４）だ。抽象的な数学でモデルを構想する、これも南部物理学の特長である。
2)多次元空間理論
アインシュタインの４次元空間理論を拡張し、４次元以上の空間を導入する理論は可能なりや、の問題意識にもとづくものだ。南部は、その解は3)の超弦理論にあるとする。
3)超弦理論
「弦《ひも》」（string）理論（ここでは取り上げなかったが、朝永の「ひも」理論にヒントをえて、南部が定式化を図った）を発展させ、(1)超対称性と(2)カルーザ‐クラインの多次元空間理論の概念を取り入れ、自然界のあらゆる粒子も場も記述の対象に包み込もうという大風呂敷だ。（などと記しても、南部の要約をなぞっているに過ぎないが。）

まさに「大風呂敷」である。が、じつに面白い（と思える）。南部は、「到達」点を、その次《ポスト》は何なんだ、を念頭に、常に超えようとする。あるいは、後進に、避けてはならない課題として提示するのだ。じつに哲学的というか、トータルをめざす思考だ。

（3）南部は、「理論を見れば、素粒子の将来は明るい。超対称性は、すぐそこまで来ています。超弦理論は現実とつながるようになるでしょう。」といいながら、古い時代からの人間として、次の2文を引く。

「数学は、経験という源泉から遠く離れるにつれ、『芸術のための芸術』になる。純粋に『審美的になる』。これは必ずしも悪くない。（むしろ必要だ。）だが、「主題が抵抗最小の道にしたがって発展する危険がある。『血族結婚』の道をたどり、数学の主題は『縮小』する。問題は、考えついたはじめは普通、古典的なスタイルをとる。だがバロックになる兆しを見せたら、赤信号だ。多かれ少なかれ、経験的な考えを注入することだ。」（ジョン・ニューマン　大意）

「でも、地球は動く」（ガリレオ）これが、理論的方法論の観点から素粒子物理学の発展を顧みる「結び」におかれる。数学的思考の達人といわれる南部が、「経験」（常識や実験を含む）を思考の不可避な源泉だと強調するのだ。（「三つの段階、三つのモード、そしてその彼方」1996『素粒子論の展望』収録）

南部より一世代前を生きた「孤高の天才」といわれるポール・ディラック（『ポール・ディラック』2012〔原書1998〕）と、同じ「孤高の天才」南部が、異なるところだ。

南部陽一郎　1921.1.18～2015.7.5　東京麻布生まれ。40年旧1高卒、42年旧東大（物理）卒・同副手、49年大阪市立大助教授、50年同教授。52年渡米、プリンストン高等研究所、54年シカゴ大研究員、56年同助教授、58年同教授。70年USAに帰化。死去は大阪（豊中）の自宅で。『素粒子の宴』（1979）『クォーク』（1981　第2版・1998）『素粒子論の発展』（2009）参照・西村肇「南部陽一郎の独創性の秘密をさぐる」（『現代科学』2009／2～4）

以上。なんだ、「読解」といいながら、なんのこっちゃ。しかも長い。それ以上に分からない、分かりにくいではないか。こういわれるかも知れない。頭を垂れよう。わたしの「読解」である。読解の長い個人史が重なっている。

最後に、２つのことを注記したい。

（１）南部は、ノーベル物理学賞を受賞し、「シカゴ」の自宅に日本人記者たちがインタビューに現れたとき、ニコリともせず、素っ気なく、「わたしは日本人ではない。」といった。

国籍は米国だ。米国たらざるをえなかったのだ。それでも亡くなったのは「大阪」の（娘さんのいる）自宅だった。なぜか、ほっとした。

（２）神の数式　第１回「この世は何からできているのか～美しさの追求その成功」

第２回「〝重さ〟はどこから生まれるのか～自発的対称性の破れ」

第３回「宇宙はなぜ始まったのか～残された〝最後の難問〟～」

第４回「異次元宇宙は存在するか～超弦理論〝革命〟～」

ＮＨＫドキュメンタリー「神の数式」完全版（２０１８）にはラディックをはじめとする世界・歴代の天才物理（数）学者たちが登場する。が、その主役は、全４回のテーマだけを一瞥しても、南部陽一郎であることが分かる。

4・3▼「ことば」（論理）が未来を作る──『日本書紀』を読む

何度も重ねていわなければならない。

1　「人間」（世界）は、「ことば」をもち・使うことができるようになってはじめて、人間（世界）は「前」人間から人間になった。それ以外ではありえない。

2　人間「世界」とは、いうまでもなく、歴史であり、共同体（部族・民族・国家等）や集団（会社・学校・サークル等）であり、家族であり、個人＝このわたしである。（吉本隆明がいうところの、共同体・家族・個人であり、「ことば」は、共同幻想・対幻想・自己幻想の中心構造である。）

3　その「ことば」でできあがっている「本」を理解できなければ、一人前の（independent）人間、自分の足で立ち＝寄食せず・頭を働かせ・課題を解決する大人とはいえない。

4　人間は足で立つが、頭（心）でも独り立ちできなければならないのだ。

つまるところ、**「読解」とは頭でも立つ人間の必須条件**なのだ。

では「読解」の「実例」として、日本でもっとも古い歴史書と言われる『日本書紀』

（日本紀」）を読んでみよう。

4・3・0▼『日本書紀』は「未来」の書だ

1　『日本書紀』は、華《チャイナ》の最初の「正史」である漢の司馬遷『史記』（前90）をモデルに書かれた日本最初の「正史」である。（「史記」とは「書かれたもの」という意味で、「本」のことだ。……、つまり「本」は「本」から生まれる。）

2　『日本書紀』は、華の建国（前221　始皇帝）より日本の建国（前660　神武天皇）のほうが古いと説く。つまり書紀は、日本は華より前に、華とは無関係に成立したとする、「独立」宣言書でもあるのだ。

3　日本最初の天皇は、7世紀後半に「即位」した天智（近江朝）だ。それまで、「天皇」（号）は存在しなかった。

つまり、書紀に記された天智以前の「天皇」は、「神話」（架空）か、あるいは非天皇（虚像）である。……つまり「本」は「模造《イミテーション》」なのだ。

4　書紀でもっとも生々しいのが、「大化の改新」と「壬申の乱」の描写だ。ともに、登場する人物ならびにその親族、あるいは有力集団（部族）が、まだ「現存」している「現代史」だからだ。差し障りがある。

書紀のなかで最も「捏造《ねつぞう》」っぽいのが聖徳太子だ。太子は、釈迦（聖）と孔子（知）と項羽（武）を合せたような「英雄」として描かれる。
5　書紀は、「大化の改新」（権力闘争《クーデタ》）と「壬申の乱」（全国を二分する内乱＝革命）を特筆大書している。その筆致はまさにドキュメンタリだ。……「歴史」（記述）は、「現代」からはじまる。「現代」から「過去」にむかって進む。
6　同時に、書紀は、壬申の乱で勝利した天武・持統朝の新たな「建国」（＝再建《リストラ》モデル）を描こうとしている。……**「歴史」はつねに未来史でもある**のだ。
それで、少し敷衍《ふえん》（ディレート）してみよう。

4・3・1▼「壬申の乱」とはなんだったのか？――「歴史」は「現代史」だ

1　「壬申の乱」は、「建国」した近江朝（天智）とそれに取って代わろうとする飛鳥朝（天武）の一大決戦＝天下分け目の戦いで、その規模においても、その激しさにおいても900年後の関ヶ原の戦をはるかに凌いでいる（と読める）。
2　戦いは、書紀の記述では、短期間に終息したとある。

1.戦いは、天智の死を待たずに、用意周到に準備した天武側の「圧勝」に終わった（と記されている）。

つまりは、天智を継いだ弘文（書紀では天智の子で皇太子の大友皇子）から、天武は皇位を簒奪したのだ。……記述は、大友皇太子が天武（大海人）誅殺計画をめぐらしたので、天武はやむなく反撃したとする。

2.当時の「日本」（畿内とその近辺）全域を巻き込んだ戦いであった。火種は長く残った。（ちなみに1600年の関ヶ原戦の決着が着くのが15年後の大坂夏の陣である。）

3　天武は、天智の「孤立」（白村江での大敗で鎖国に転じた）主義から、華（唐）との外交修復政策（遣唐使派遣等）に転じ、白鳳《はくほう》（＝平城《なら》）＝大和文化が開花する。

4　この大乱（大戦）に、藤原（不比等）の名が出てこない。

天智（藤原鎌足）から天武・持統（藤原不比等）への「正当」な皇位（政権）継承があったのだ、と語るためだ。こののち、不比等は、天武のもとで登場し、大宝律令の制定に加わり、キングメーカーの役割を演じる。

4・3・2▼「歴史」は「現在」の立場・解釈・気分で読んではならない

だが、と**まったく逆のこと（に思えること）をいう。**

1　歴史は、そして書かれた本も、「最新」といっても、「過去」のことだ。日本書紀は8世紀初めに書かれた。21世紀の「現在」と、「このわたし」ともなんの関係もない。書紀など（読ま）なくても、少しも問題にならない。

2　だがそうだろうか？

『源氏物語』は、江戸期、「好色」文学だ、好ましくない、と排撃された。事実、源氏物語では「好色」が一つの大きなテーマになっている。だが、同時に皇位継承をめぐる政治・時代小説であり、「反省の書」でもある。（だからこそ、源氏は現代に通じるし、読む値もある、といいたい。）

3　したがって、現代（江戸期）の意識だけで読むと、「好色」がもつ意味も分からなくなる。

つまり、「本」はそれが成立した時代の状況や意識により沿って読むべきなのだ。

4　以上は、矛盾しているようだが、一見すればで、**じつは表裏一体**である。「過去」はそれが存在した時代（場所）意識をもとに読む必要がある。「現在」の意識で勝手に裁断してはならない。

同時に、読むのは「現在」の「このわたし」なのだ。誰に遠慮がいるものか。「過去」をただ過去として読むのは、「正直」な読み方に思えるが、「尚古趣味」（「昔はよかった」という意識）に落ち込む危険がある。「現在」の問題意識をもって（加味して）読むべきだ。

たとえば「**源氏の君**」とは、たんなる貴人ではない。**「天皇」になりうる身分の人間**なのだ。皇位継承問題が絡《から》まっているということだ。

4・3・3▼「未来」もまた「歴史」である

1　歴史は、**Ｅ・Ｈ・カー『歴史とは何か』**（岩波新書）が述べるように、過去と現代との絶えることのない「往復運動」からできあがる。だから何度も何度も書き換えられる。

2　だが書き換えるときに重要なのは、過去の「出来事」の成立「事情」を「無視」せず、「尊重」することだ。

3　もちろん、「過去」を清算主義的に抹殺することではない。よりよき未来を創るためである。

「未来」とは、「書き換えられた過去」＝「現在」の連続であり、また非連続だ。

ただし「非連続」と見える「未来」も、そのモデルはすでに「過去」に見いだすことができる。

「世の中に新しきことはなにもない。」ともいえる理由だ。

4・3・4▼じゃあ、おまえ（鷲田）は『日本書紀』の「読解」をどうやってえたのか？

1　**本を読んだからだ。**ただただ本からだ。著者とともに、3冊だけ挙げよう。

『日本書紀』読解なら、①**石渡信一郎『聖徳太子はいなかった』**（1992）他。②**岡田英弘『日本史の誕生』**（1994）その他。③**宮崎市定『宮崎市定全集21　日本古代』**（1993）等々。

『源氏物語』なら、①**折口信夫『折口信夫全集　8・14巻』**。②**小西甚一『日本文藝史Ⅱ』**（1985）他。③**中村真一郎『王朝物語』**（1993）等々。

2　文学部に入って「邪馬台国論争」（ヒミコが支配した邪馬台国はどこにあったか？）に、「授業」で出会った。

歴史科に進むつもりで、「歴史科学研究会」に入る。大和の「古寺巡礼」（？）を一人でめぐる楽しみを味わっただけで、結局、歴史科には進まなかった。
しかし①**古田武彦『邪馬台国はなかった』**（1971）に刺激され、関連文献を読むようになった。
②**内藤湖南『日本文化史研究』**（1924）の論断、今日の歴史を知るためには古代の歴史を研究する必要はほとんどなく、応仁の乱以降の歴史を知っておれば十分である、に刺激され、かえって「古代」の作品とその研究に惹《ひ》かれていった。古代史を「現代史」の意識で読むトレーニングを積んだ。
3　以上の他に、大冊、**小西甚一**（1915〜2007）**『日本文藝史』**（講談社　全5巻　1985〜95　なお英訳が同時に刊行されたが未読）を読んだ。
小西甚一に古代・中世・現代文学（史）を、③**中村幸彦『近世文芸史潮攷』**（1975）等で近世＝江戸期文学を教わった。全部が著作を通じてだ。

しかも小西には、大学受験期に『古文の研究法』『古文の読解』等で「世話」（？）になっており、『俳句の研究』等は愛読書の一つだった。親子ほど年が違うが、こういう人に出会えたのは、幸運というほかない。

わたしの考えでは**「文学」（研究）は「歴史」研究の中核に位置する。**「古文書」

(material)は歴史「研究」に必須だが、「読解」の中心はあくまで「書物」(book)である理由だ。

4 だが、「本」を読解する必要(必然)は、「書くこと」を仕事に選んだからこそだ。33歳で定職を得てからのことで、もう一つの仕事(書くこと)は、幸運なことに、研究職に直結していた。

たくさん書いた。200冊以上を超えたとき、一つの総仕上げとして、「日本人の哲学」をまとめる目標をもった。不遜にも、小西『日本文藝史』を意識していた。

無謀と思えたが、「開拓」者の気持ちもあった。「不明」な点が出たら、解法を示す「本」を探し、読み、解明すればいい、と思えた。これは、たんなるわたしの思い込みだったかも知れない。定年70歳をのこすこと5年前のことだ。

取りかかって10年、書きはじめて5年、わたしの「本」は出たが、まだまだ「途上」だ。改定が必要だ。

5 おまえのケースは稀じゃないか。簡単に真似できないじゃないか。こういうだろう。その通りのように見えるが、そうではない。

1.わたしはかつて『大学教授になる方法』(1991)を書いた。キャッチフレーズは2つ。

①偏差値50でも、やり方さえまちがわなければ、大学教授になれる。
②大学卒業後、10年間、研究に専念する。
①は簡単だ。偏差値50以上は、およそ同年代の75パーセントを含む。
②は簡単か？　そうではないだろう。
10年間、定職をもたず（非常勤で）、毎日毎日、8時間「研究」に専念する。プロの研究者になるためだ。

これが難しい。「読解」法に通じるやりかただ。デイ・バイ・デイで、3日ならだれにでもできる。それを10年間続けるのだ。「三日坊主」か「イチロー」かの分かれ目だ。
2.それに「定職をもたずに」とは、定収入がないを意味する。親が裕福でないと不可能じゃないか、というだろう。親の財布で研究者になれる人は、（わたしはしなかったが）そうすればいい。
だが、いいたいことは、アルバイト（非正規職）でこの10年間を凌《しの》ぐということだ。これって、職人《プロフェショナル》の道《ウェイ》と同じなのだ。「弟子」（student）に「給料」（pay）はつかない。むしろ「授業料」（fee）が必要だ。多くは、親方の「徒弟」（apprentice）になり、仕事（雑事）を引き受けて、衣食住の足しにする。

3.むちゃくちゃ厳しい（hard）、と思えるだろう。その通りだが、プロになるための「常道」（normal [proper, regular] course）だ。「トラック」（track）ともいう。このトラックに乗らないと、プロとは認められない。

つまりは、これは、多少にかかわらず、だれもが通る道だ。「読解」方法も、まったく同じだ。

この道を進むと、30代半ばで「正道」（の入り口）に出る。ただし、正道に終わりはない。いいことに、「本」は死なないが、読む人は衰え・死ぬ。78歳、わたしもいよい「鬼籍」の道に入った。そう確信できる。

4.わたしは「本」を読むこと、解することで、「過去」ばかりでなく、むしろ「未来」を見極めることができると思ってきた。これは例外ではない。意識するしないにかかわらず、多くがそうしてきたのだ。

「人間は後ろ向きに未来に入ってゆく。」（ポール・ヴァレリー　1871〜1945　仏）といわれる。

本を読解するとは、ことばを介《かい》して、過去を知ることであり、それ以上に未来を知ろうという「人間の欲望」である。「欲望」だって？　そのとおり。

くりかえすが、**「ことば」とは**、「いまここにないもの」、「いまだかつてどこにもなかったもの」、すなわち「未来」を喚起する力をもつ。つまりは創造力の、もっと広くいえば、**人間の欲望の源《みなもと》**なのだ。

「バブル」期、**宮本武蔵『五輪書』**がアメリカでよく売れた。それもウォール街のエリートたちにだ（そうだ）。なぜか？　日本企業が、アメリカ「帝国《ステート》」とその帝都ニューヨークの象徴、ニューヨーク・ステートビルディングを買収するだけのビジネス力をもつにいたった「秘密」を探るためだ。（日本のバブルが潰れ、ビルは米に戻った。）

5 「仕事」のために読む

1 **「仕事」のために「読解」は必要かつ不可欠だ。**これが最後に伝えたいフレーズ《ことば》だ。ただし、「仕事」を人生の中心に置こうとする人以外には、このフレーズ、「馬の耳の念仏」かも知れない。ま、それはいい。いや、それで（も）いい。

2 「本」も「読書」も仕事の「外」にあってこそ、面白い。「娯楽」である。「暇つぶし」だ。「憩い」の糧《かて》だ。この意見をわたしは否定しない。いや、むしろ強く肯定したい。同時に、仕事のための読書と暇つぶし・息抜きのための読書は、少しも矛盾し対立しない。わたしにとってもそうだった。

仕事に追われ、時間がないときほど、むやみやたらに、本が読みたくなるからだ。あるいは、仕事に追われれば追われるほど、読書が「オアシス」のように思えてしまう。そうじゃない?

それで、(時間がなくて)読めもしないのに、むしろ日ごろ読みもしない類の本を、バックに詰め込んで家を出る。なにか、もうそれだけのことで、安心(なかば満足)してしまう。読まなくてもだ。

3　それに「読書」は仕事を辞めたあと、退職後にこそ、有り余る時間を潰すための、最も手近で最良の方法となる。もちろん、読書はTVとも趣味とも旅行とも矛盾しない。そんな時間が、何年あると思いますか? 半端じゃない時代になったのだ。

それに、読む(解する)習慣をもっていないと、退職後、読書の時間がたんまりあっても、本に向かうことはほとんどなくなる。

本を開くと眠くなる。読書で時間つぶしもできない。ましてや、奥深い豊潤な「本」の森をいながらにして探検する喜びを味わうことなど、したくてもできない。

5・0▼手ぶらで会社に向かう人

1　大阪で、1960年代から70年代の初めまで、学生時代から定職をえた33歳までを過ごした。移動は電車とバスである。まだPCやスマホは出現していなかった。そんななか、どうしてもなじめないことがあった。

アルバイトで「出勤」(?・)しだしたときのことだ。早朝である。ラッシュアワーにはまだ間がある。ところがサラリーマン・ウーマンとおぼしき人のほとんどが、鞄を持たず丸腰で通勤しているのだ。

準備なしで会社に行き、会社の仕事は家庭に持ち込まない。つまり、準備を含め、仕事は会社内で完了。これが暗黙のルールであるのかな、と思えた。
2 「仕事」は食べる・生きるためのもので、「給料」分働けばいい。どうして会社の外まで持ち込む必要がある?
しかし、「給料分」とはいくらか? どうやって分かる(量る)の? 多ければ多いほどいいって?

そうかもしれない。是としよう。でも、これでは仕事「力」はさして上がらない。むしろ仕事に「慣れる」だけで、「慣れきって」しまい、馴されて、むしろ停滞ないしは徐々に減退してゆく。そうじゃない?

したがって、長い目で見れば、「給料」は停滞する。結果、リストラの対象になる。これが常則だろう。

3　若いときはまだいい。環境も待遇も「よりいい」と思えるところへ、転職もできる。しかし仕事力を見込まれての転職ではない。欠員補充《あなうめ》のための一時雇用というケースだ。なるほど「形《スタイル》」は手ぶらでもいい。しかし、準備は完了状態で、始業時を迎えたい。昨日より、モアー・ベターな状態でだ。これ自分のためである。

5・0・1▼ニューヨークからワシントンへ

1　2000年夏、取材旅行でアメリカに飛び、早朝、ニューヨークからワシントンまで、エアバスに乗る機会があった。

せっかちなわたしは、出発かなり前に飛行場に到着していなければ、気が済まない。というか遅れるのがいやなのだ。

機内に入り席に着くと、真夏だというのに黒のスーツで、大きなショルダーバックを肩にした男たちがつぎつぎに乗り込んでくる。空いた手には巨大な牛乳瓶とこれも極大◯×サンドイッチの袋が抱えられている。「通勤」客だ。すでに戦闘モードに入っている。

男たち（ほとんど20代）は、座席に腰を下ろすとすぐに、PCを開き、猛烈な勢いで書類をめくっている。終始無言だ。仕事の「準備」と「点検」に熱中しているのだ。聞いてはいたが、アメリカン・ビジネス・エリートたちの猛烈ぶりを垣間見たように思えた。

2　書類やPCがなくてもかまわない。

飛行機で移動するとき、わたし（鷲田）は当面と将来とを問わず、**「コンテンツ」（a table of contents）を作ってきた。仕事でいう「行程表《スケジュール》」等、書物でいう「目次」、講義や研究発表でいう「レジメ」（要綱）だ。**（50～70歳までの間、帰宅すると紙片に書いたコンテンツをPCに打ち込んでおく。）

3　飛行機にかぎらない。総じて乗り物の「移動時間」は集中できる。通勤の場合、景色を見る必要もない。それに合算すると長時間になる。（伊賀に住んだ8年間は、往復5～6時間だった。）

仕事計画の太い柱（余裕があれば細部の柱まで）を立てる。これには、1本の鉛筆と紙1枚あれば足りる。

この「準備」が、わたしの仕事にとって大きな知的財産の1つになった。

1つ1つは、たいした力にはならない（と思える）が、どんな仕事を始めるときも、きっかけは、PCを立ち上げるとコンテンツが起ちあがる（ような気がした）。「結果」を問わなければ、まずは何でも来い、どんな注文もOK、という気分になることができた。

5・0・2▼パソコンとスマホ

1　「グローバル・ワン」（世界は一つ）は、オリンピックの標語である。しかし、2000年に入ると、あっというまにPCとスマホが「世界を一つ」につなぐ情報戦略機器となった。華《チャイナ》のように「情報」管理・制限が厳しい国でも、情報は「国境」から漏れ出て、あっという間に世界をへめぐる。

「かつて」といっても、アマゾン（書籍の電子商取引）が日本に上陸するまでだから、2000年以前のことだ。「洋書」を買う場合、輸入代理店（たとえば丸善）を通じて注文し、普通は船便で日本に到着、それから注文主の手に渡った。およそ半年はかかる。しかも価格はバカ高かった。

2　情報収集も商取引も、スピードが上がり、その精度も格段に上がった。すばらしい。電車に乗れば過半は、道を歩いていても、ときに食事をしながら、スマホを開いている。画面を移動させている。子供も、大人（とくに婦人）も、老人もで、世代を問わない。ただし、「ただいま」のところ、「情報」を収集するといっても、その情報、「読解」を必要とするものは少ない。

3　もちろん、マンガや小説、本（デジタル版）や論文で、「読解」を必要とするものも、読まれている。そして、スマホであらゆるものを読み解する「習慣」がすぐそこに待っているのかも知れない。

そう、かつて「映画」を「TV」が駆逐したようにだ。でも「映画」は残った。スマホやPCあるいはiPadが「紙」の本を駆逐している。でも「本」も似たような形で残る。とくにいまのところは「読解」を必要とする「本」のケースはだ。

5・0・3▼どんなに難しくても、「仕事」のためなら「読解」しようとする

1 ただし強くいいたい。どんなに難解な本でも、たとえ探し出すことが難しい本でさえ、「仕事」にとって必要不可欠だと分かれば、どんな手段を講じても探しだし、手に取り、読解にこれつとめようとする。

なに、自分の力によって読解不可能だとわかっても、「本」さえ見いだすことができれば、その道の「プロ」に教えを請うことができる。また、重要な本なら、その「読解」（研究）書も存在する。参照文献だ。

2 問題は、「仕事」のほとんど全部が「期限つき」だということだ。いつまでも「締め切り」時間はまってくれない。

同時に、「締め切り」があるから、「読解」に熱中せざるをえない。期限付きだからこそ、「読解」に熱中・集中できるのだ。熱意が「岩」をも動かすケースが生まれる。「火事場の馬鹿力」である。

反して、期限のない仕事《ライフワーク》といわれるものは、ウルトラ個人的な仕事に限られる。また、そのほとんどが未完成におわる。「いま・ここでハード・ワークする」必要を感じない。というか、**未完成に終わる仕事を目して、ライフワークと称する場合がほとんどだ**といっていい。

3　「必要は発明の母だ。」(Necessity is the mother of invention.)

これを逆にいえば、「必要」のないところに「発明」はもとより、「読解」もありえない、ということだ。

「仕事」を十全にやり抜く、という必要(necessity　必然)をもたない人にとって、仕事の困難を打開するための「本」など読む必要を感じない。ましてや時間と労力をかけて「読解」しようとなど思うこともない。

5・1▼仕事用の「リーフレット」（1枚）や「パンフレット」（小冊子）が読めなかったら、どうなる

5・1・0▼「男は黙ってサッポロビール！」

1　この広告文《コピイ》は、一目瞭然、誰にでも分かるフレーズだろうか？　そんなことはない。サッポロは、ビール界の御三家といわれながら、1960年代、すでにキリンやアサヒに大きく水をあけられていた。（現在もこの溝は広まっていてこそすれ埋まっていない。新参のサントリーにも追撃されている。）

しかし1970年に出たこの「コマーシャル」、大成功を博したのだ。それればかりではない。「男は黙って……」が大流行した。「男っぽさ」を標的にしたことが成功の原因だ、といわれた。はたしてそうだろうか？

2　以前（〜1970年）も今（2020〜）も、サッポロ（の味）は、アサヒ（ドライ）とキリン（フレッシュ）の中間をいっている。（わたし的にいえば、北海道で飲むサッポロはキリンのラガーだ。）

このコマーシャルのイメージ・キャラクターに選ばれた三船敏郎は、男臭い苦み走った

俳優の代表格のようにとらえられてきた。サッポロビールのイメージチェンジを図ったコマーシャルで、ピタッとはまった。こう評されてきた。はたしてそうだろうか？

3 「男はハードでなければ生きていけない、ジェントルでなければ生きていく価値がない。」（チャンドラー『プレイバック』）

このセリフにぴったりな「男」なのが、（コマーシャル画面の）三船であった。探偵（マーロー）のことばは、「あなたのように強い（hard）人が、どうしてそんなに優しく（gentle）なれるの？」という（女の）問いへの、応答なのだ。

もちろんわたしの「（深）読み」でこれをいう。事実、（わたしの周辺にかぎっていえば、新宿、難波、博多、すすきのでも、）このころから「女」がガンガンビールを飲み出した。いま現在に続いている。

5・1・1▼「マニュアル」（手引き書）を読む

「マニュアル」は「新人」のためにある。「マニュアル通りにできないなんて、やる気あるの？」

こう叱咤《しった》される。でも、新人にとって、「マニュアル通り」こそが難しい。なぜか？

1　一定の科目を修得すれば「教員免許」がもらえる。ただし、それには「教育実習」が必修・不可欠だった。実際、「現場」（学校）にいって、一定期間、生徒を相手に授業（実習）をしなければならない。一種のインターン制で、これに「合格」しなければ免許証とはならない。

「授業計画」を立てるのは難しくない。「指導要領」があり、授業科目をスムースにこなすのために必要な、懇切丁寧な「虎の巻」（教師が自前で準備し研究しなくとも教科目を教えることが可能な「教材研究書」）もある。

2　だが、生徒を前にした授業は、20歳前後の青年には、初経験であり、授業スケジュールをすべて呑み込んでいたとしても、終わってみればなにをしたのかまるで雲をつかむような始末に終わる。

一にも二にも、「緊張」のためで、これが2週間つづく。終わり頃、多少ましになったかとも思えたが、現役の先生方との違いは、あまりにも大きかった。教師ってすごいんだな、ハードなんだ、と思えた瞬間だ。

3　だが、その1年後、実際に教壇（非常勤）に立った。

最初に気がついたのは、授業にかんしてはすぐに慣れたことだ。むしろ、同僚教師は、ベテランと中堅とを問わず、らくらくと授業をこなしているように見えるが、極少数を除いて、明らかに「惰性」に違いないと思えて仕方がない。

「新人」にとって、「実習」・「実地」でマニュアル通りに仕事を進めることが難しいのは、慣れていないからだ。慣れれば、ステップ・バイ・ステップで、すぐに、誰にでもできる。それがマニュアル通りにする、である。

4　ところが、難しいマニュアル（機器説明書）がある。

素人にこそマニュアルは必要だ。ところが記述が簡単明瞭ではないだけでなく、素人には「マニュアル通り」がまるで簡単ではない。とくにデジタル機器の説明がそうだ。しかも「故障」（?）したら、素人の手には負えない。否、「専門家」の手にさえ厄介なのが多い。

直らない。あるいはプロのところにもちこみ、直してもらうなら、その費用、新品を買うのと変わらない。修繕は諦めるしかない、と思える。

いずれにしろ、**「新人」や「素人」にマニュアルは難しい**（ということを知ってほしい）。

5・1・2▼「レジュメ」(要約・大意)を読む

1　作家**サマセット・モーム**（1874〜1965）に『**サミング・アップ**』（The Summing up 1938　岩波文庫）がある。自伝（『要約すると』）だ。モームは諜報員でもあったが、人間の「心」を、また「小説」を読む巧者である。

「研究」であれ「人生」であれ、「要約」が必要だ。というか、書かれたものはどんなに詳しく、委曲を尽くした（explain in detail）としても「大略」であり、「要約」にすぎない。

関西に23年間住んだ。1人だけ親戚の叔母がいた。わたしも妻も、そして子供たちもずいぶんと世話になった。その叔母がときに「愚知」をこぼしにきた。電車でおよそ1時間かけてだ。相手は決まって妻だ。

叔母は、ことの「顚末《てんまつ》」を、始めから終わりまで、時系列で話さないと済ますことができない。つまり「要約」できないのだ。それが叔母の流儀で、妻のように相づちを打ち、黙って耳を傾けるような人は「奇特」というほかない（ように思えた）。

事実、叔母はすべてを吐き出すと、もうそれだけですっきりし、なにごともなかったように帰って行く。「要約」できない・しない効用かと思えた。

わたしは思いきって、**「読解」のためには、800字、3分割で要約**することを奨めている。どんな主題（テーマ）のものを書くにも、まずは800字3分割で考え、書く、ということだ。

2　これが「3分割」法で、プラトンも、ヘーゲルも、思考の達人は、みな3分割（要約）法で考えている。いうところの「弁証法」（問答術とも詭弁法ともいわれる）だ。もちろん、これは読解法にも（にこそ）通じる。

ただし、「レジメ」は「骨格」であり、「写真」というより、デフォルメされた「表情」、たとえば「似顔絵」である。

ではなんのための要約、似顔絵《デフォルム》か？　一握り（というか三握り）で読み取る、把握するためだ。

3　**「要約」できなければ、「読解」したとはいえない**。もちろん「説明」や「証明」は必要だが、「判決文」（判断＝要約）のない裁判は、裁判（judgement）とはいえない。ジャッジを下すのは、裁判官（裁判長）である。読解では読み手だ。

もちろん誤審があるように、**「誤読」はある。問題は、「訂正」できるかどうかだ。**

「誤読」は訂正できる。というか訂正の必要（必然）がある。速やかに、いつでも、どこでもだ。

わたしの読解・判断は、つねに・絶対正しい、は正しくない、だ。訂正しないと、取り返しが付かなくなる。

「誤審」はある。防止と訂正のために、三審制度（第一・二・三審に上訴できる）がある。それでも誤審はある。避けられない。取り返しが付かない。でも「人間がする判断だ。」避けがたい、といわなければならない。

5・1・3▼「行程表」（スケジュール）を読む

1　スケジュールで最も重要なのは、ゴール（期限）である。

期限のない人、期限を守らない人とは、仕事をともにしたくない。それでも、人の世だ。付き合わざるをえないことがある。どうするか？

ゴール（期日）から逆算して、開始（時）がきまる。

相手がほぼゴールに近づいたとき、スタートする。これでいくと、ストレスが溜らない。

2　ただし、締め切り日が近づかないと、しゃかりきになれないタイプの人がいる。ほとんどの人がそうだ（といっていいかもしれない）。最終週は、徹夜につぐ徹夜で、期限内にゴールテープを切り、倒れ込むタイプの人たちだ。

ただしこの人たちの極少数が、じつにいい仕事をするケースがある。（こういう人には、わたしは到底かないっこない。）

3　それでもわたしは、自分のスタイルを変えないできた。1日1日の積み重ねで、仕事をするというタイプを変えないできた。33歳から今日までだ。あなた方（非天才）に奨めたいやり方（スケジュール消化方法）だ。

4　したがって、「ゴール」といっても、わたしのゴールは、とりあえずの「ゴール」にならざるをえない。

わたしの「読解」はつねに「暫定」である。絶対無比の「読解」はないと思い定めてきた。したがって絶対無比の「読解法」もない。

5　山と同じように、「本」には、さまざまな登頂コースがある。読む人が百人いれば、登り方は百通りだ。しかし、登山口が限られているように、本への途頂道もかぎられている。道なき道を行くアドベンチャーは別として、先人がたどった道は大いに参考になる。

ただし、すでにある道は、時として迷い道にもなる。安全で平坦な道はないからだ。どんな道も「探検」なのだ。だからこそ面白いのだ。興味が尽きないのだ。

5・2▼仕事（力）は「現場」でつく

5・2・0▼「畳の上の水練」

これは十分に古い言葉だ。読んで字の如し。「畳の上で水泳の稽古をいくら積んでも、泳げるようになるわけではない。」である。

「読解術」に関していえば、「机上の空論」であり、「理論倒れ」だ。「有効かどうか、実証されていない。」であり、あるいは「実際には役に立たない。」である。

その通り、といいたいが、「言葉」をもつ人間は、「術」や「理論」は、それを知っているかどうかで、「成果」（結果）が驚くほど異なるケースが多い。

しかしここでは**「現場」の力が**テーマだ。

5・2・1▼川に飛び込んだ。泳げた

1　少年というより幼童期のことだ。村に札幌市を貫流する豊平川（72km）の支流、厚

別川がある。現在は見る影もなくなったが、かつては大きく蛇行を繰り返す水量ゆたかな河川で、流域の広大な水田地帯に豊かな水を供給していた。泳ぎはこの川でおぼえた。

年上の子がつぎつぎに川岸から飛び込む。頭からだ。わたしもなんの躊躇もなく飛び込んだ。一見も二見も、蛮行だ。このときが人生最初の入水だったが、すぐ浮き上がり、泳いでいた。

年長者が「手本」で、その真似をして入水し、泳いだのだが、わたし独自の「手本」があった。

時代劇のマンガで、断崖絶壁から主人公（少年）たちがつぎつぎに飛び込む、冒険・敵討ちドラマだ。この断崖にくらべれば、厚別川の岸などオモチャに等しい。水面まで3メータあるかないかで、ものの数ではない。

「蛮勇」、「盲《めくら》蛇に怖じず。」である。（といっても、幼児期、いや少年期まで、長い廊下の突き当たりにある暗い便所に一人で行けなかった。）

2　たまたま「結果、オーライ」で、泳ぐことができたからいいが、たいていは溺れる。こういわれるだろう。その通りだ。しかし、人間は、泳がなくても浮く。むしろ水に潜っているほうが難しい。こう何度も漫画でいうのだ。「耳学問」だ。漫画の「飛び込み」

や「浮く」という「言葉」は、「畳の上の水練」より、さらに「空理・空論」の類だろう。

じゃあ、「飛び込んでみる」はたんなる「無謀」にすぎないのか。そんなことはない。「現場」力を身につける「はじめ」なのだ。

「読解」の「現場力」とは何か。「本を読む」、読んでみて、はじめて読解力が「はじまる。」かなり読んでみて「読む力」が実感できるようになる。もちろん「誤読」も含めてだ。


大学受験に失敗し、浪人中のことだ。予備校の夏休み、鎌倉に住む知り合いの家に泊めてもらった。早朝、毎日、弓比ヶ浜に出て、沖までまっすぐ泳いだ。力尽きるまでだ。浜辺は波間にかすかに見える。それから、顔だけ水面に出して、体力が戻ったと思えるまで仰向けで波間を漂い、休息し、ゆっくり浜まで泳いで帰る。

大学に入り、夏目漱石『こゝろ』を読んだ。K生生とわたしが同じ泳ぎ方をすると知った。そのとき、沖に向かって直進する泳ぎをやめた。「読解」の結果である。自分の「想念」（思い込み）で自分の人生を「中断」する、を禁じた。

3　いいたいのは、つまるところ、「読解」はいわゆる「現場力」と異なるが、「読解独自の現場力」があるだけでなく、**読解の現場力（場数を踏む）が必要**だということだ。たとえば、

わたしが、カール・マルクスの「理想」と「尊大」さが表裏一体のものだとわかったのは、**E・H・カー**（英　1892〜1982）『**カール・マルクス**』（1934　邦訳　未来社　1956）を読んで、マルクスの少年期（ギムナジウム＝高校）の「卒業」課題文をものみごとに「読解」した箇所に出会ったときだ。

しかしその「読解」だけでは、思想家マルクスの全体像をつかみ、根本的に「批判」することができるまでには至らない、と考えた。

少年期は理想と尊大さを簡単に取り違える。30代にもその癖が残る。30代の最後に書いた、拙著『哲学の構想と現実　マルクスの場合』（白水社　1983）はそんな時期の作品だ。マルクスに対して「焦点」を会わせかつ「距離」を取ることがまだまだ甘かった。

どんなに素晴らしいと思える「本」でも、**「訂正」と「修正」は、何度も起こる。読解も変わる。**

5・2・2▼一読して、書いてある「内容」がパッと分かる本は、作者がすばらしい。ただし要注意だ

1　だれもが分かるように書くのは、難しい。「ことば」で書くからだ。「ことば」はどんなに単純（そうに見え）ても、「多義」的だ。単純にいえば、「にくい」は、「憎い」とともに「憎たらしいほどすごい」というまったくあい反する意味で使われる。あるいは「京（都）は着道楽」というが、その裏に「着物には金を掛ける」つまり「見栄張り」だが、「日常生活は渋ちん、ケチ」だ、という意味が込められている。しかし、これなどは文意をたどれば「分かる」。

2　だが**夏目漱石**最後の作品（未完）**『明暗』**（1916）はどうか。題名に違わず「難解」だ。なぜか？　読解の「達人」**小西甚一**（1915〜2007）に語ってもらおう。まず要約し、ついで引用する。

夏目漱石の遺作『明暗』（未完）には、「則天去私」というようなこの作品以前にあった東洋的倫理はまったく姿を消している。登場者は、近代的な「我《が》」に執われた俗物だけであり、いかなる救いも見られない。しかも、ヘンリー・ジェームズが『黄金の盃』で示したように、作中人物Aの内心が、当人および述主（ナレータ）だけにしか知られず、他の

作中人物には不可知な場面に、作中人物BにAの心をいろいろ推測させる場面が続くというように、いわゆる「遊動視点」が多用される。知的にはかなり高い（らしい）のに、津田が妻のお延が分からず、お延は夫の津田が分からないため、泥沼めいた日常が展開する。他の主要人物たちも、意識層では相手の心を驚くほど明敏に察しながら、もう一つ深い層では分からないことに苦しむ。相手の心を知ろうと必死にもがくのだが、ついに知りえず、しかも、互いに知りえない状況が享受者（読者）にはよく分かる。したがって、《作中人物たちの心理過程を観察の対象とするならば、人物相互の不可知が交錯しあい増大しながら危機を形成してゆくよう構成されている周到さは、強い緊迫感となって享受者に迫る。だから『明暗』の英訳版は、それ自身で欧米に通用するはずである。

欧米の小説と同質な技術で『明暗』を書くことになったのは、西洋文明の受容により形成された日本人の近代的な「我」を描くため、それが好適だと考えられたゆえであろう。明治精神がもはや過去のものとなったと痛感する漱石は、この作品で東洋的な倫理性をまったく提示しない。》（『日本文藝史』Ｖ　１９９２）

こういう「場面」（状況）は異様で例外的か。そんなことはあるまい。むしろ「日常」的である（とさえいっていい）。妻と夫、母と子どもの親近関係も、近所仲間の「会話」

も、およそこんな具合ではなかろうか。

それでも、漱石は「ことば」で語るのを、「ことば」を書くのを、「本」を読むのを、死の寸前までやめていない。

3　むしろ「物言えば　唇寒し　秋の風」（芭蕉）といわれるではないか？
だが芭蕉は「ことばの人だ」。「くちびる寒し」を誰よりも体感してきた。だが俳句を詠むのをやめなかった。

奥の細道をたどったから芭蕉なのではない。俳諧の旅であり、句作の道であったからこそ、芭蕉なのだ。わたしたちにとっての芭蕉でもある。

昨年12月（2019）、奥羽地方をローカル線に揺られて回ってきた。「象潟《きさかた》」駅に着いたとき、分かっているけれど、それでも目を凝らしてみた。でも「想念」のなかにある「憾《うら》むが如し」に比すべきものはなにも見えなかった。もちろん「松島」に比された象潟である。

「象潟や　雨に西施が　ねぶの花」（芭蕉）

5・2・3▼「読解」は難しい、ということを強調したいのではない

1「ことば」は多義的だ。その「ことば」でできあがった「本」は多義的である。だから「読解」など無理であり、むしろ有害無益で無用だなどといいたいのではない。逆だ。本は、どんなに単純そうに思えても、多義的だ。むしろ多様な読みが可能だ。重要なのは、君の「読み筋」はこれだ、という「判断《ジャッジ》」にある。もとより、Aがだめなら B、B でもなければ C というように、当てずっぽう、出たとこ勝負の類では困る。「筋」読みには「理由」が必要だ。「読み筋」である。

2「童話」は「幼児」の読み物だ（と仮定する）。だが「幼児にでも分かる話」と「幼児にしか分からない話」では、「話し」の向き（趣向）が変わる。

「幼児」には、大人から見れば、天使と悪魔が「共存」している。つまりは大人には理解不能な、だが大人になっても引きずっている性向（nature）があるということだ。子どもの読解（感応）と大人の読解（納得）が（多少とも、というか、逆方向を向いていると思えるほど）異なる理由だ。

3「童話」は大人にこそ読ませたき「話」で、大人になってはじめて「読解」可能な

読み物なのだ。

イソップ物語（古代ギリシアの寓話で、アイソポス《イソップ》作と伝えられる）も、**グリム童話**（1812〜57　グリム兄弟　なおグリムは『ドイツ語辞典』の編纂者）も、大人にこそ読ませたき、大人にだけ「読解」可能な「本」である、といってみたい。

　こういってみたい理由にはサンプルがある。**倉橋由美子**（1935〜2005）『**大人のための残酷童話**』（新潮社　1984）である。読んで納得（読解）できる人が「大人」だ、といいたい。

「戦争と平和」が、「右か左か」、「地獄か極楽か」の「二択」（二者択一）ではなく、「矛盾」（たてとほこ）であり、「表裏一体」であるということが、よくよく分かる人のことだ。

5・3▼違いがわかる仕事力

1　「本」を読む人は、仕事ができる。「読み筋」を誤らない人が、といいたい。
2　「本」を読む人は、仕事ができない。「読み筋」を誤る、誤らない、にかかわらない。むしろ本を読むことを「特別のこと」あるいは「特権」と考える人だ。
3　「本を読む」は、「仕事」の一つだ。「世の中」を、もちろんその世の中の「一部分」

である「仕事」をよりよく知るためだ。

4　「仕事」(事件)は「会社」(犯罪現場)にある。だが正確ではない。「会議」(捜査会議)にも「書かれたもの」(記録)にも、「本」にもある。「社会」(世界)のなかにあるのだ。「本」はその一部、「ことば」でできあがった「人間」にとっては必須の一部だ。

5・3・1▼仕事(力)は「現場」の外でも養われる

1　**スマイルズ『自助論』**

1.サミュエル・スマイルズ(英　1812〜1904)の『自助論』(Self-Help　1858)は、発刊されるやイギリスで超ベストセラーになり、各国語に翻訳された。日本でも中村正直訳『**西国立志編**』(1871)として出版され、ミリオンセラーになった。その影響度でいえば、福沢諭吉の『学問のすゝめ』(1872〜76)に優るとも劣らなかった。なぜそれほどの影響力を与えたのか?

2.他でもない新しい世の中にふさわしい生き方を提示したからだ。まさに「セルフ・ヘルプ」=「自主・自立の生き方」である。

スマイルズは、自分の人生を自力で切り開いた人々の「成功」例=「すぐれた仕事」物語を具体的《ケース・バイ・ケース》に示し、「あなたも同じ道を歩みなさい、歩むことができるのですよ。」とていねいに誘導したのだ。

日本でも、自分の人生（運命）を自力で切り拓く可能性が生まれた社会、四民平等・職業選択の自由・学業の機会均等が認められる社会が始まった。

3.だが、明治維新を宣したとはいえ、「士農工商」＝身分制や「忠孝」とを基本とした生き方が色濃く残っていた。まだ自立・自主＝自助を正面に掲げた言説はなかったのだ。そこに『自助論』が現れた。「神は自ら助けるものを助ける。」（Heaven helps those who help themselves.）で、まさにこの「書」が「福音《ふくいん》」となった。

4.しかも、この自立・自主の道は特別に能力ある人に許されているのではなかった。棚からぼた餅ふうに授かるものでもなかった。

自分に与えられた、あるいは、自分が選んだ仕事に「専心勉力」向かい、やりとげることによってのみ可能である。この労苦が終わるところ（＝アフター5）に「甜美」が始まる。こうくりかえし説く。仕事論がすなわち幸福論の根幹になっている。

2　カーネギー『人を動かす』

1．ディール・カーネギー（米　1888〜1955）『人を動かす』（How to Win Friends and

Influence People　1936）を、わたしは「就職」した人、とりわけ「再就職」した人に読むことをすすめた。ときに贈った。要諦は、仕事力の根幹にあるのは「どうしたら他人を動かすことができるか」であり、その方法は「**他人の身になって考える。**」である。

2．この本は、この肝心要の「他人を動かす力」を、じつに懇切丁寧に、実例（ケース・バイ・ケース）をまじえて語ってくれる。

人は、だれもが「自分第一」である。自分が大事だ。「人を動かす」ことも、そのためにある。

だからこそ他人と友好関係を保ちたい、もしそれができなくとも「敵対」関係を避けたい。こう思うものだ。この本は、では人はどう振る舞うべきかを、その「態度」や「言葉遣い」まで、懇切丁寧に語ってくれる。

3　もし『自助論』や『人を動かす』が書かれなかったなら、どうなっていただろう。遅かれ速かれ、同じような「本」が書かれた（だろう）。身分制が崩れ、私的所有（自分の生命と財産が「自分のもの」であるという）権利が「国民の基本的権利」（＝人権）として承認される時代を迎えたからだ。

日本では「大日本帝国憲法」（1889＝明22）がそのはじまりで、国会が開設され、

「大衆《たすう》支配」＝民主主義の曙《あけぼの》を迎えた。

5・3・2▼仕事(力)は「現場」の「外」でこそ養われる

1　「空気」を「読む」という言葉がある。「相手」(個人)や「集団」(多数)に、また時や場合にかかわらない。

カーネギーの『人を動かす』は、たとえば「人に好かれる6原則」を掲げる。①誠実な関心を寄せる②笑顔を忘れない③名前を覚える④聞き手にまわる⑤関心のありか(たとえば話題)を見抜く⑥心からほめる。

なるほどと思える(だろう)。

同時にこの原則はどれも、「相手」に対する(心なき)「迎合」に陥る場合がある(少なくない)。

集団や社会の「空気」(大勢)に呑み込まれる(かなり多い)。「みんなで渡れば怖くない」や「集団ヒステリー」に陥る。

スマイルズもカーネギーも実業世界《ビジネス》の人だ。

2　「人を動かす」を大々的に実行した最大例が、「大衆の心理」を「読解」する「大天才」政治家、**ヒトラー**（独　1889〜1945）の「ファシズム」（大衆団結主義）である。

よくよく注意して欲しい。カーネギーとヒトラーは同じ年に生まれた「同時代」人である。この2人、ビジネス仕事と政治言動の違いはあれ、「ことば」（ワーク＝著作）にかぎっていえば、合わせ鏡のように見える。

3　「空気」をキイワードに、日本人の「気質」（nature= identhity）を読解し、なぜ日本は「無謀」な日米戦争に突入したのかを論じたのが、**山本七平**（1921〜91）**『「空気」の研究』**（1977）である。

山本は、その場の「空気」に抵抗できずに迎合した陸海軍の首脳《エリート》たちや戦時高揚の「空気」に押し流される日本国民（大多数）の気質を、たんたんと解き明かしてゆく。独創的で貴重な発見だ。（詳しくは拙著『山本七平』〔言視舎　2017〕で論じた。参照のほどを。）

つまるところ、「仕事力」は、「仕事」の「外」、著作（works）を読まなければ、見えてこないということである。「読書」の力を注目する理由だ。

5・3・3▼達人の読解術

最後に、**読解の達人中の達人の「術」**（art=skill）を紹介して、本書の「結び」（end）としたい。

ただし多少詳細にわたる。読み飛ばして結構だ。

1　文豪の読解術

「文豪」といわれてきた人がいる。明治期に絞れば、3名をあげると、決まって、**幸田露伴、夏目漱石、森鷗外**の名があがる。露伴（1867生）は漱石（1867生）や鷗外（1862生）と比べるいささか「小」豪じゃないかとみなされてきた。違うのだ、と強くいってみたい。

その露伴（1867～1947）に『**努力論**』（1912）がある。「幸福」、「努力」（＝仕事）、「修学」（＝読解）とは何かを説く白眉だ。洋の東西を問わない「人生論」の傑作だ。要約（読解）しよう。

1.努力の真諦

努力に2種、直接と間接の努力がある。

間接は、準備の努力で、基礎となり、直接は、当面の努力である。

努力が無功に終わると、人は嘆く。しかし、功の有無によって努力をすべきかどうか、を判断してはいけない。努力をする、は人のやむにやまれぬ本性である。

そして、どんな若干の努力も多少の果を生み、ときに良果を生まないだけなのだ。それは、努力の方向が悪いか、間接の努力が欠けているからである。

だが、努力の真諦は、努力している、ということを忘れた、おのずからなる努力であってこそだ。

2.3つの幸福　惜福・分福・植福

幸福をえる人とそうでない人を観察してみると、その間に微妙な妙消息があるようだ。

第1に、幸福にあう人は多く「惜福」の工夫のある人だ。惜福とは、福を使い尽くし、取り尽くしてしまわないことである。

第2に、分福だ。他人に福を分かつことで、世には大きな福を有しながら、貪吝《どんりん》のため、少しも分福の行為に出ない人がいる。

福をえようと希う人は多いが、福を有する人は少なく、福をえて福を惜しむことを知る人は少なく、福を惜しむことを知って福を分かつことを知る人は少ない、というのが世の現状だ。

第3に、福を分かつことを知っても、福を植えることを知る人は少ない。

植福とは、人の世に慶福を増進長育する行為である。植福は自己に福を植えると同時に、社会に福を植える。将来、自己ならびに社会にその収穫をもたらす。社会に福を植え、収穫をもたらすなんて、そんな大げさな、と思われるだろう。そうではないのだ。

喉が渇いた人に1杯の水を与えるくらいのことは、どんなに微力な人でもできる。ところが、こんな微細なことは、植福と関係あるなどと露ほども顧みられない。しかし、摩天の大樹もひとつまみの微小の種子より生じる。

有福は、祖先の力のおかげだ。尊ぶほどでない。失うことある。惜福の工夫は尊ぶべきだ。福を保つ。分福の工夫はさらに尊ぶべきだ。福をもたらす。しかし、植福をこそまさに敬愛すべきである、というべきだ。福を創造するからである。

3.修学の4目標　正・大・精・深

射を学ぶのには的が必要だ。

教育と独学とにかかわらず、その標的はただ4個である。

(1)「正」だ。中正で、僻書を読んだり、奇説に従うと、正を失う。

（2）「大」だ。はじめから、小さく固まってはいけない。自尊自大は忌むべきだが、大ならんと欲し、大ならんと勤めるのは、もっとも大切なことだ。

（3）「精」だ。緻密や琢磨を欠き、選択や仕上げおろそかにする等は、粗で、避けるべきだ。

（4）「深」だ。大を求めて深でなければ浅薄の嫌いがあり、精を求めて深でなければ渋滞拘泥の恐れがあり、正を求めて深でなければ、ときに奇奥のないところに至る。したがって、およそ普通学を終え、修学を続けようとするとする者は、深の一字を眼中におかなければならない。

2　一読、これは露伴の人生訓（lesson）のように思える。そうだろうか？　否だ

1.露伴は、奇癖、詭道、奇書を厭わず、むしろ自らその道を選んだ、その「結果」（theory）なのだ。

魑魅魍魎《ちみもうりょう》を含む森羅万象の世界、とりわけ万巻の書物と交わった結果であって、漱石や鷗外に「（ほとんど）ない」道（way）をたどった「結論」である。（容易に真似などできない代物なのだ、ということは知っておいて欲しい。）

重ねていえば、そう、「天才」たちを生んだ幸田家の兄弟姉妹とは異なる、露伴に独特な「修学」と「職業」をはじめとする人生コースを選んだ、結果でもある。

2.漱石や鷗外になくて、露伴にあるのが「愉快」論（『快楽論』）だ。

知識上の愉快、趣味上の愉快、道義上の愉快、およそこれらの人間性の愉快は、かの動物性の愉快に比して、その範囲の無限に拡張せらるるということを特性としている。進歩の性質を特性としている。ゆえに、人間が他の動物に比して幸福である理由の最大原因は、このように人間性の愉快を解釈し、これを味わいうるという点に存している、といっても差し支えない。

特別のことをいっているのではないように思える。そうだろうか？

(1)まず注目すべきは、露伴の「快楽論」は「愉快論」であるということだ。

快楽＝愉快とする核心は何か。

①快楽を「心的状態」としてつかむことだ。いわゆるエピキュリアンの「快楽主義」の快楽と区別するためだ（と思われる）。

②「愉」と「快」の違いを指摘する。

「愉」は「安らかな、柔らかみのある、潤いのある、婉曲な、しつとりした、調和の十二分な、反射光のなくつて、含蓄した光のあるというような心の良好な状態をいうのである。」

対して、「快」とは「これと少し異なつておつて、鬱積した或ものが具合よく放散された時、例えば心中に塞《ふさが》つたもしくは憂、もしくは悶、もしくは悲、もしくは怒、もしくは疑等の、すべての不良状態が、ある機会、ある運命、ある事情の下に一掃されて良好状態となつた時を指すのである。」

③ここに露伴の特長がよく出ている。心ゆくまで丁寧に、微妙な違いがわかるように、言葉を費やしてゆくいきかただ。「愉」を十全な心的状態、「快」を不全から解放された心的状態と解する。この違いは、微妙だが、決定的だ。しかも「簡」にして「明」だ。

たとえば、「快」とは、対米「開戦」によって万歳と喝采した同じ人が、「敗戦」にうなだれ消沈しながらも、爆撃のない平安に安堵するというように、まったくちがった境遇で抱く、相対的で表裏一体な心的状態である。

(2)露伴は、愉快を、便宜上、世上よくあるように、物質的愉快と精神的愉快に分かつ。

①だが、物質と精神は画然と二分できない、というのが露伴の見識（常識哲学）だ。

多くの世人が欲するのが物質的愉快で、例えば「よい」食事を摂り・家屋に住み・花を見・衣服を着、万事足れる境界にあって感じる愉快のことだ。

ひとり一般世人だけでなく、「聖賢といえどもこの物質的愉快をもつて、人間の感ずる幸福の真正なるものの一つと認めておる。」と断じる。対して精神的愉快は、「主観的消息*であり、内面的のことであつて、他のものの窺うことも難く、奪うことも難いところのものである。物質によつてはほとんどこれを増減することも難いのである。」（*消息＝死活状態　息は生）

②ここで重要なのは2点。1点は、精神的愉快は人間に特有なもので、人間だけがこれを「解釈」し、「認識」し、「所有」しうるということだ。2点目は、動物といえども、知能の発達したものは、「多少精神的愉快を感じることがあるに相違ない」。

つまり、露伴は、精神と物質は連続しているように、人間と動物もあきらかに連続している、その「断絶」と見えるものは、「不連続の連続」であるというのだ。

世上いわれるように、物質的愉快と精神的愉快がおのずと衝突すると推断するのは「早合点」だ。物質的愉快を欲求する心も、精神的愉快を欲求するのも、「人間の本然の性」(human nature)であり、「この二途の愉快が一に融合して顕現されることを企図するのが本当のことである。……両者の衝突齟齬を予想するはそもそも根本の誤である。」

③ここで、露伴は、だめをおすように、
「本来、精神物質名は二つであるけれども、実は一つである。影と形と合い離れず、匀（平均）と実質と相離れず、力と物と相分かつべからざるようなものである。」と記す。

ここで露伴は、理想論をいうのではない。むしろ、物質的欲求と精神的欲求とが衝突するのは、平常時ではなく、「一方に心を傾ける人」に特有の場合で、平地に波乱を起こし、結果、自ら悩まざるをえなくなる、とする。
(3)注目したいのは、露伴の「人間の本然の性」とはなにか、だ。
人間がもともともっている自然能力を基礎におきつつ、繰り返し反復しつつ、拡張拡大し、質を高めてきた結果獲得した、知識であり、趣味であり、道徳の総体だ。

人間は、天然自然と連続しているが、人間の自然（人間の本性）を獲得することで、天然自然と不連続である。

ちなみにいえば、わたしが本書で連呼してきたように、人間は「ことば」をもつことによって、「自然」と「人間の自然」の「連続・不連続」関係をえてきたのだ。

3　読解術最大の困難

1.露伴は、著作活動を主とした純然たる書斎派だが、漱石や鷗外のように、苦虫をかみつぶすような生き方を是としなかった。しかも、その活動は、鬱蒼たる孤高たる大知識人でありながら、啓蒙（＝大衆教育）のために「雑文」といわれる「少年時代小説」やハウ・ツウものである「普通文章論」を書くことを進んでやっている。

2.では露伴のいう愉快の「連続的不連続」の達成とはどのようなものなのか。連続的「準備期間」が、不連続（目的＝end）を達成する、これだ。すなわちデイ・バイ・デイの「習慣」によるというのだ。

露伴が強調するのは、「幸福になるための順次」（successive）の「習慣」をもつことだ。

1日、研究を続けることは誰（凡夫）にでもできる。３６０日を10年続けることは、凡夫には難しい。好き・愉快でないとできない（「好きでこそ○×だ」）からだ。努力に愉快を感じなくては不可能事である。

3.この「準備」、「習慣」こそ愉快に生きるために肝要である。この「習慣」こそ、人間（社会）の「本性」（nature）を形成する力である。習慣や伝統を変えるためにも、習慣の力が必要なのだ。

明治維新で政体は変わったが、「江戸」は長くとどまった。「敗戦」で「憲法」が変わった。その日本国憲法を変えるのは、難しい。敗戦後70年である。正否を問わず、70年余、国家と国民に根付いてきたのだ。国家と国民の「習慣」になっている。

最後に付け足せば、大作家になってから、露伴はわざわざというか、好んで、原稿料を払えないような群小雑誌に「原稿」を持ち込んだりしている。また渋澤青淵翁記念会から委嘱された、おそらく稿料の高かったであろう『澀澤榮一傳』（1939）を書くことに、後半（前半から？）飽き倦きしている。「ベタ褒め」の総まくりになるべく予定されているだからだ（ろう）。

「正」「大」「精」「深」の道は、一本道ではないことが了解されるだろう。とくに読解においてはだ。

でも天才露伴の「本」を読んで味わい、多少にかかわらず理解し、愉快を感じることは、誰にでも可能だ。とりわけ「感応」することは。これこそ読解の「愉快」である。

4.露伴「読解」に必要な略歴を紹介しよう。

1867・8・22〜1947・7・30　江戸下谷生まれ。本名成行《しげゆき》。1884年逓信省電信修技学校卒。余市（北海道）に電信技師として赴任。ここを「逃亡」し、「露団々」（1888）で文壇デビュー。40歳で京都帝大講師に招聘されたが、夏休みで帰京、2度と戻らなかった。81歳の没年、芭蕉七部集評釈を完成、『論語　悦楽忠恕』刊行。第2次全集（全43＋1）、『露伴随筆』（全5）。

渡部昇一はその著、『随筆家列伝』『幸田露伴「努力論」を読む』『幸田露伴「修省論」を読む』『幸田露伴の語録に学ぶ修養法』等で、露伴を読解する「道《ウェイ》」等を誰にでも分かるように示した。読解法の手本だ。

あとがき

1　わたしは、大事なことは、大小にかかわらず、親をも含めて「他者」に相談しない。こういう性癖（habits）で生きるのを常としてきた。それで、しなくてもいい失敗を重ねたといっていい。

それでも、迷路に踏み込むこともあったが、その誤りを多少とも克服することができたのは、「本」があったからだ。そうそう、「本」を読んで、誤読を含め、間違いを犯すことも多々あった。だが、その誤りを訂正することができた（と思えた）のも、「本」を読み、理解し、判断してきたからだ。

「読書」（書を読む）は「余暇」ではない。「仕事」に熟達し、「人生」を豊かにすごすのに欠かすことができないものなのだ。

そんな?!　むしろ逆で、仕事に熟達し、人生を豊かにするためには、面倒くさい書を読み解するなどは、よけいで辛気くさいことにすぎない。こう考えている人が多いだろう。そうではない、と強くいいたい。

2　「人間」とは何か？　人間はどうして人間以外のものから人間になったのか？　自立

した人間になるのか？　他でもない、「ことば」をもったからだ。「ことば」を自在に使うこと（読み解し書く）ができるからだ。

つまり、「人間」とは「ことば」であるということだ。人間は「ことば」によって「仕事」を、そして「世界」（世間）をよりよく知りかつ理解する。

「ことば」によってできあがったものが「本」（book paper）というものだ。「本」を通して、仕事を、人間を、人間世界を読みかつ理解する。それが人間業《アート》だ。人間の「本質」といっていい。

これが「本書」を書いた理由だ。この思いが皆さんにすこしでも通じれば幸いだ。（78歳を直前にして）

鷲田小彌太（わしだ・こやた）
1942年、白石村字厚別（現札幌市）生まれ。1966年大阪大学文学部（哲学）卒、73年同大学院博士課程（単位修得）中退。75年三重短大専任講師、同教授、83年札幌大学教授。2012年同大退職。
主要著作に、75年『ヘーゲル「法哲学」研究序論』（新泉社）、86年『昭和思想史60年』、89年『天皇論』、90年『吉本隆明論』（以上三一書房）、96年『現代思想』（潮出版）、07年『人生の哲学』（海竜社）、07年『昭和の思想家67人』（PHP新書〔『昭和思想史60年』の改訂・増補〕）、その他91年『大学教授になる方法』（青弓社〔PHP文庫〕）、92年『哲学がわかる事典』（実業日本出版社）、2012年〜『日本人の哲学』（全5巻、言視舎）ほか、ベストセラー等多数。

装丁……長久雅行
編集協力……田中はるか
DTP制作……REN

知的読解力 養成講座
どんなものでも読みこなす技術

発行日❖2020年3月31日　初版第1刷

著者
鷲田小彌太

発行者
杉山尚次

発行所
株式会社**言視舎**
東京都千代田区富士見2-2-2 〒102-0071
電話03-3234-5997　FAX 03-3234-5957
https://www.s-pn.jp/

印刷・製本
モリモト印刷㈱

ISBN 978-4-86565-175-1　C0095